認知症の人が
スッと落ち着く言葉かけ

右馬埜節子 Setsuko Umano
認知症相談センターゆりの木　代表

介護 Library
講談社

２０２５年には７００万人、
つまり65歳以上の５人に１人が
認知症になると推計されています。

ともに暮らす人、親、友人、ご近所さん、
あなた自身が認知症になる日がくるかもしれません。
街中でも認知症の人に出会うかもしれません。

そんなとき、あなたはどうしますか？
さあ、ページをめくってみてください。

アキラさんの体験
バス行っちゃったかな…
よかった まだみたいだ 人がいる
あれ? この人…
上履きとスリッパ?
…の
…す
ブツ ブツ
なんだ この人… 大丈夫かな
気持ち悪いから近づかないようにしよう
あの

は はい
カァー カァー
バス
三丁目
私の家は どこでしょう？
え えーと ご住所は？
？
ええーっ!?
家で子どもが 待ってるの
なんだ この人
どうしたら いいんだよ！
えーっと
さあ こういうとき どうしたら いいでしょう？ 答えは第2章で！
著者 右馬埜節子

はじめに

私が介護の仕事に就いたのは1993年のことです。非常勤の認知症専門相談員として中野区役所（東京都）の高齢福祉課で働き始めました。介護保険が始まった2000年にケアマネジャーとして民間の介護事業所へ転職し、2003年に認知症専門のデイサービス「デイホームゆりの木中野」（株式会社日本エルダリーケアサービス）を立ち上げました。

その後、自社以外の介護職や、家族から認知症に関する相談が持ち込まれるようになり、2004年に「ゆりの木」に「認知症相談センター」を併設しました。今も相談員として働いていますが、区民か否かなどの立場を問わず、認知症の人を抱えて困っている方々のお手伝いをするのが、常に変わらない私の仕事です。

多すぎて、正確にはとても数えられないのですが、対応したケース数は2000をゆうに超えます。この本はそうした多数のケースの中から生まれた、認知症の人に落ち着いてもらえる言葉のかけ方・接し方を、みなさんに提案するために書きました。

詳しくは本文で説明しますが、私たちは記憶を知識や体験として積み上げていく「足し算の世界」に住んでいます。逆に認知症の人は、病気によって知識や体験をだんだん忘れていく「引き算の世界」に住んでいるのです。

この「引き算の世界」では、私たちの常識や理屈はほとんど通じません。認知症の人たちの世界に合わせた言葉かけをしたほうが、うまくいくのです。そのような、引き算の発想にもとづいた言葉のかけ方や接し方を、私は「引き算する」と呼んでいます。この本では、場面に合わせて上手に引き算する方法を、できるだけたくさん紹介していきたいと思います。

介護保険制度が導入されて15年が過ぎましたが、認知症で困る人の数は増える一方です。「何か変だ」とひとりで悩むお年寄り、介護を抱え込んで疲れ切った家族、認知症の人の理解不能な行動に振り回される現場の介護職員——どれも、今に始まった光景ではありません。

病気になれば困るのは当然としても、なぜ振り回されっぱなしの状態が続くのでしょうか。その原因のひとつは、「認知症はバカになる病気・恥ずべき病気」という誤解にあると思います。誤解したまま認知症の人に対応しようとするから、問題がこじれるのです。

この間違った認知症イメージは、すでに認知症をテーマとする類書の中ではっきり否定されるようになりましたが、では私たちは、認知症をどのようなものととらえればいいのでしょうか。介護の現場ですぐに使えるいい答えをくれる本は、まだありません。

そもそも認知症介護には、「確かな答えがない」「いい手立てがない」と考えられてきましたし、今もそう考えている人は少なくありません。

介護現場では先輩のやり方を見習いながら、いわゆる〝見よう見まね〟〝山勘〟〝慣れ〟といった不確かなものを頼りとした対応が積み重ねられています。家庭では、娘を「お母さん」と思い込んでいる父親や、自宅にいるのに「家に帰る」と言ってきかない母親に、「『お母さん』じゃなくて娘でしょ」「ここが自宅じゃないか」と説得をくり返し、本人も家族もストレスをためています。このままでいいのでしょうか。

かつて、認知症の人を「宇宙人」にたとえた人がいました。確かに話が通じない、私たちから見てわけがわからないという意味では、そう言えるかもしれません。また「認知症」と一括《ひとくく》りにはされますが、その症状は千差万別で、万人に必ず効く「特効薬」のようなものはまだありません。

ですが、ひとりひとりの個性に注目すれば、どう接したらよいかは明らかになってくるものです。「不確かな」対応を「確かな」対応にしていくために、私がご紹介する方法が助けとなるはずです。

この本は、認知症をあまり知らない人にもわかりやすくなるよう、マンガやイラストを使うといった工夫をしました。また、具体的に伝わるように事例もたくさん盛り込みました。実際に効果を発揮した言葉かけは、見やすいように太字で引用してあります。

なお、紹介するケースはいずれも事実ですが、プライバシーに配慮して仮名とし、場合によってはその年齢など、内容に変更を加えました。

本書で紹介する方法は、在宅介護か施設介護か、通所なのか入居なのかといった違いに関係なく使えるのが特徴です。ですので、この本は介護にかかわるすべての人に広く読んでいただくために、必要な場合以外は家族・介護職をわけず、「介護者」という表現でまとめています。立場は違えど、家族も介護職も「認知症の人に何とか穏やかに過ごしてもらいたい」という思いは共通しているはず。その意味では、介護に携わる方ならどんな人が読んでも、きっと役に立つことでしょう。

もっともらしいことを書き連ねてしまいましたが、私だって最初から認知症の人とうまく接することができたわけではありません。本文に書いたことは、すべて認知症のお年寄りとその家族に教えていただいたことです。今回、その「教え」から得たものを、少しでも世の中に還元したいという思いから本書を出すことにしました。私の〝これまで〟の経験が、読んでくださるあなたの〝これから〟の介護に少しでも役立つことを祈りつつ、筆を進めます。

認知症の人がスッと落ち着く言葉かけ　目次

構成　北川郁子（七七舎）
イラスト・漫画　秋田綾子
本文デザイン　荒井雅美（トモエキコウ）
装幀　モリサキデザイン

第1章

認知症の人は「引き算の世界」に住んでいる

そもそも、認知症とはどんな病気なのでしょうか。そこがわからなければ、認知症の人にどう接すればいいのかはわかりません。まずは認知症について学ぶ必要があります。

正確な医学的知識を身につけられれば、それにこしたことはありませんが、そのためにはたくさんの努力と時間が必要となるでしょう。現場の人に必要なのは、〝今すぐ〟使える知識であり、手間をかけてはいられません。そこで本書では、医学的な説明は巻末につけ、当座の知識だけをこの章にまとめました。

「記憶の壺」で考えてみよう

認知症とは、ひと言で言えば「忘れる病気」です。

忘れると言えば、私たちも物忘れをすることがありますが、認知症の場合はそれが脳の病気によって引き起こされるのです。

この違いを理解していただくために、私は「壺」のたとえを使います。

人間の脳を壺に見立てて、記憶がその中にたまっていくところを想像してみてください。私たちは、生まれおちてから死ぬまで、学習したことや体験したことをこの「記憶の壺」の中にため込んでいきます。

この積み重ねは、生まれたときから始まっています。たとえば赤ちゃんは、おなかがすいたり、おしっこでお尻が汚れて気持ちが悪かったら、必ず泣きます。これは泣いて知らせれば誰かが世話をしてくれると経験して学び、記憶しているからです。

記憶する作業は成長してからも続きます。学校に上がると読み書きや計算を習い、社会に出れば仕事のための技術や人とのつき合い方などを身につけることになります。

つまり私たちは、たくさんの記憶を、知識や体験として自分の中に積み上げているのです。それだけでなく、記憶をうまく使うことができるから生活できるし、自分をみがくことも可能になるわけです。いわば記憶を足していき、それが「人となり＝人格」となる「足し算の世界」に住んでいるわけです。

認知症の人は「引き算の世界」に住んでいる

次に、この「記憶の壺」が口のほうからだんだん壊れていく状態を想像してみてください。中に入っているもの（＝記憶）が、新しいものからどんどんこぼれ落ちていくことになるでしょう。そうやって記憶が失われていくのが、認知症という病気です。だから認知症の人は、足し算とは逆の「引き算の世界」に入ったと言えます。

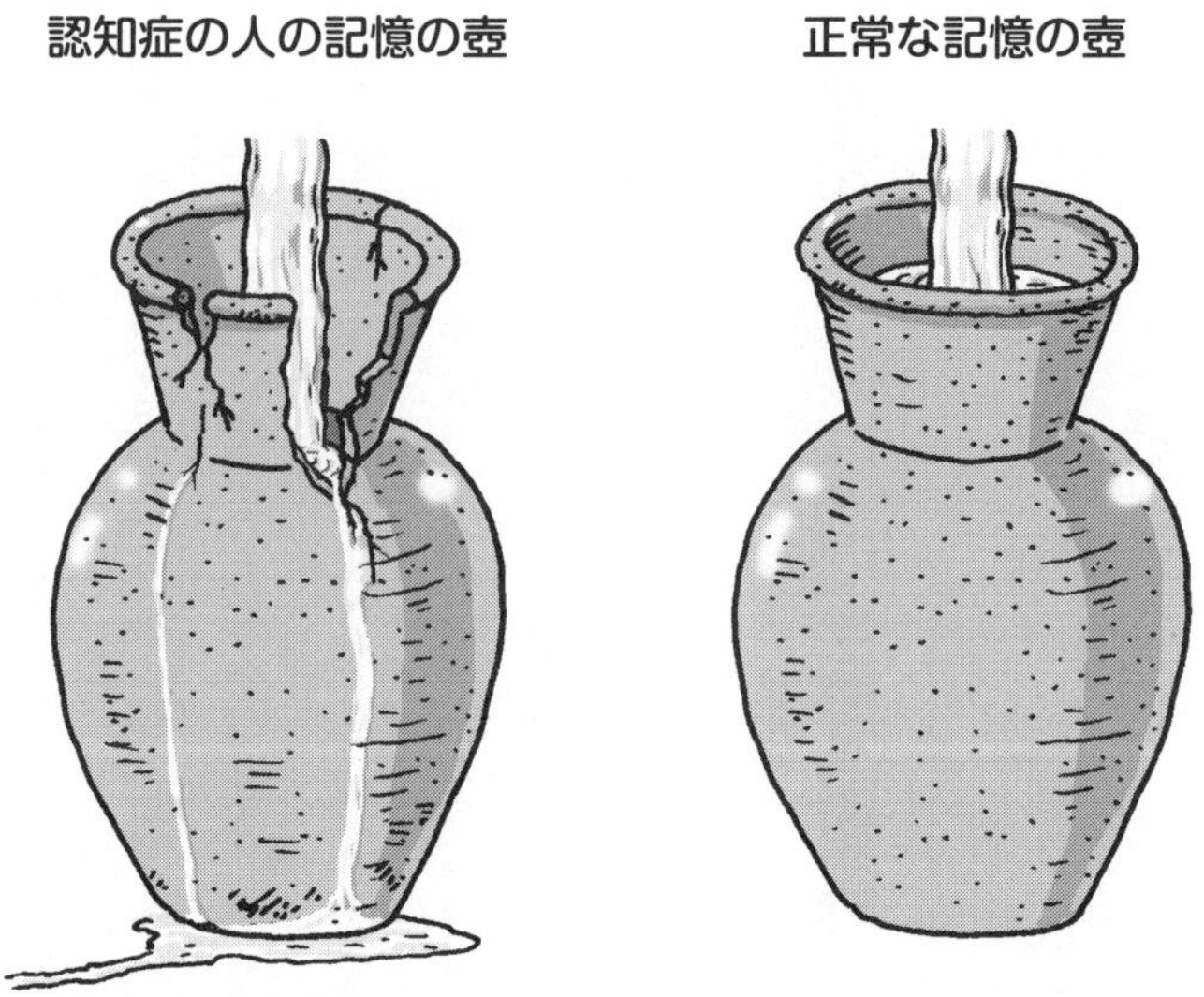

実際には私たちの記憶の壺の中に入っている記憶も、ひとつやふたつなくなることがあります。これが普通の物忘れですが、幸いなことに壺そのものには異常がないので、ほかの記憶をたどれば忘れていても思い出せることがあります。

たとえば私たちは、自宅の階段を上がった拍子に、「あれ？　何で2階に来たんだっけ？」と目的を忘れてしまうことがありますが、改めて1階へ下りると、「ああ、そういえば……」と思い出すことがあります。

ところが、認知症の人は壺そのものが壊れつつあるため、そうはいきません。階段を上がった拍子に目的を忘れたら忘れっぱなしです。もう思い出すことはありません。直近の出来事となると5分も憶えていられないことさえあります。たとえば、ある講演会で私は、「認知症の母と一緒に来ました」という女性と会ったことがあります。ひとしきり雑談して、女性が「さあ、帰りましょう」と母親に声をかけたところ、母親が怪訝《けげん》そうに「……どちら様？」と言い出したので、さすがに慣れている私も少し面食らったものでした。

ところが不思議なことに、最近の記憶は失われても、30年前、40年前のことは憶えていたりします。これは壺が上から壊れていくためです。だから認知症になると、その人のこれまでの人生が言動にあらわれるようになります。

チズコさん（87歳）の場合は、過去の仕事が行動に出ました。ある時期から彼女は、自宅の8畳の和室いっぱいに布団を敷きつめ、周囲には洗濯ロープを張り巡らして、そこにところ構わず衣類をつるすようになったのです。本人は真っ白いエプロンをして、布団の脇にじっと座っています。

布団はシーツの四隅をピッピッと引っ張ってシワひとつなく敷くという念の入れようで、誰かがその上に乗ろうものなら、たとえそれがかわいい孫であろうと、目をつり上げて怒り出すのでした。

同居している家族には、なぜチズコさんがこんなことをするのかわかりません。お嫁さんがわけを聞いても、「こうやっておけば、いつでも寝られるからね」と要領を得ません。何かおかしいと感じた息子さんが、私のところに相談に来られたのでした。

家族の話を聞くと、チズコさんは看護師さんだったことがわかりました。結論から言うと、行動を読み解くカギはそこにあったのです。きちんとシーツを敷いた布団は、病院のベッドです。張り巡らせた衣類は、病室の仕切りのカーテンです。白いエプロン（白衣のつもりでしょうか）をつけて、チズコさんは患者さんを待っていたのです。彼女は看護師として働いているつもりなのでした。

どのケースでもここまで明快に生活歴とのつながりがわかるとは限りません。また、あらわれるのも仕事だけではなく、過去のつらい体験だったりします。

ですが、認知症の人の言動には病気になる前のその人の生活や、その人生の象徴的な部分、すなわち生きざまがあらわれます。「ぼけざまは生きざま」なのです。そしてその人の生きざまが出るからこそ、認知症の症状は十人十色になるのです。

認知症の人はこのように、自分の記憶や知識が失われていく中を生きています。

今を生きるのに必要な新しい記憶は失われる一方、古い記憶は残るため、過去の自分になったり、「今の自分」を正しくとらえられなくなったり、あるいは何をしているのかわからなくなってしまいます。つまり、積み上げる足し算とは真逆の「引き算の世界」を生きていると言えるのです。

認知症は「つもり病」「不精病」

誰でも認知症になると、先に説明した「足し算の世界」から「引き算の世界」へと移っていきます。そして、不可解な行動をとるようになります。コマツさん（82歳）もそうでした。

コマツさんは材木問屋の社長として活躍した人でした。最初はひとりで事業を始め、コツコツと実績を積み重ねて社員30人を抱えるまでに会社を成長させた人です。精力的に仕事をこなし、同業者の集まる会議では独創的なアイデアや面白い意見を次々と出すので、周囲からは一目置かれる存在でした。

しかし現役を退いてから症状が出始めます。認知症と診断され、やがて夜中に起き出して「出張だ！」「電話をよこせ！」と家族に言うようになりました。

この行動をどう理解したらいいのでしょうか。実はコマツさんは認知症によって「今」を正しくとらえられなくなり、自分は「まだ社長のつもり」「働いているつもり」になっているのです。このような状態を私は「つもり病」と呼んでいますが、認知症の人にはよくあらわれる言動です。

この「つもり病」は、日常生活のさまざまな場面に出ます。ある認知症のお年寄りは、爪の間に垢がたまって黒くなっていて体も臭く、長いこと入浴していないのがわかりました。そこで介護職員が「お風呂に入りませんか」と勧めたのですが、「昨日入ったのでいいです」と言います。これは「お風呂に入ったつもり」になっているのです。

体が臭くなるほど長期間お風呂に入らないと、誰でも気持ちが悪いと感じるものです。ところが、認知症の人はそうではないようです。病気により脳が損なわれて、体の感覚が全般的に鈍くなっているためです。忘れることに加えてこの感覚の問題があるため、認知症の人は自分のまわりの世界を適切にとらえられなくなります。だから認知症の人は、次のような状態になっても気にしていないように見えます。

・ちぐはぐな服装をしている（ズボンの上にステテコを穿《は》いている、夏なのにコートを着ている、など）
・家の中がゴミ屋敷になっている
・ひげや髪を伸び放題にしている
・何日も化粧を落とさず上塗りしている

これ以外にもいろいろありますが、要するにまわりの人からは不精になったように見えるので、私はこうした特徴を「不精病」と呼んでいます。潔癖だった人やきちんとしていた人に突然この不精病が出たら、介護者はまっさきに認知症を疑ったほうがいいでしょう。

認知症は「こもり病」「疑り病」

不精病は認知症の兆候と言えますが、活動的だった人が閉じこもりがちになったり、家の中で家族の居場所をやたらと気にするようになったら、それも認知症のサインかもしれません。

認知症は徐々に進行する病気なので、発症初期はそれほど生活に支障は生じないものです。これが俗に言う「まだらぼけ」の状態で、環境に合わせて正常に振る舞えるときもあれば、わからなくなるときもある、という状態が続きます。

このとき誰よりも先に「何か変だ」と感じるのは、実はお年寄り自身です。そして「変だ」という自覚から不安が生まれ、同時に「この変な状態を悟られたくない」という気持ちがはたらくので外出したがらなくなります。

ひとり暮らしの人だと、家にカギをかけてカーテンを閉め切り、電気もつけず、訪ねてくる人がいても応答せずに、閉じこもるようになることさえあります。これを私は「こもり病」と呼んでいます。

夫婦二人暮らしだと、閉じこもるだけでなく、家の中で頻繁に相手を捜すようになります。自分ひとりでいるのが不安なのです。たとえば夫が5分おきに「おーい、どこにいる？　おーい」と声をあげて妻を呼ぶようになったり、とりたてて用もないのに絶えず相手の存在を確かめるようになります。この言動も認知症のサインかもしれないので、注意しておく必要があるでしょう。

加えて認知症の人は、家族にあらぬ疑いをかけることがあります。根拠もないのに「お金を盗《と》られた」と言ったり、「浮気してるでしょう。女を連れ込むために、私をデイサービスに行かせるのね」とか、あるいは男性なら買い物に行く妻に向かって、「男に会いに行くんだろう」などと言い出します。

家族は身に覚えがないので否定しますが、いくら本当のことを言っても疑いは晴れません。これが「疑り病」です。もともと疑い深い性格の人もいるでしょうが、このような言動が急に出るようになったり、以前よりひどくなったら認知症を疑う必要があります。

認知症には「説得」より「納得」

歳をとると頑固になる人はめずらしくありませんが、認知症の人はとりわけその傾向が強く、周囲が何を言おうと動きません。一度〝こう〟と決めると、いくら説明しても聞き入れないことがあります。

85歳のアキコさんは、「リハビリ、リハビリ」と言いながら足早に歩きます。足腰の衰えを気にしていて、介護予防のつもりなのです。息子一家と同居していますが、家族が、「足を痛めるからもっとゆっくり歩いたら」とか、「リハビリもほどほどにしないと逆効果よ」と説得しても耳を貸しません。

そのうち昼前に「スーパーに行く」と言って家を出た後、夕方近くになってからようやく足を引きずり引きずり帰ってくるようになりました。明らかに道に迷っているのですが、「どこに行ってたの？」と聞いても、「どこにも行ってないよ」と答えます。認知症なので、出かけたこと自体を忘れているのです。

心配になったお嫁さんは、息子（つまりアキコさんの孫）に、「学校から帰っておばあちゃんがいなかったら、すぐ捜しに行って」と頼むようになりました。もちろん、夫にも「何とかしてほしい」ともちかけます。

ですが、相変わらずアキコさんは、説得に耳を傾けようとしません。たびたび外出してしまうことと、帰れないというわけではないので、しまいにはアキコさんの息子も「ほっとけ、そのうち帰ってくる」とさじを投げてしまいました。

このアキコさんのケースはまだましなほうですが、中にはフミさんのように、ご近所に迷惑をかけるお年寄りもいるので大変です。85歳になるこの女性は、15年前まで薬剤師として大きな病院に勤めていた人です。60歳で定年退職となりましたが、再雇用で70歳まで働きました。ところがその後、80歳頃から認知症の症状が出始め、毎朝出勤の支度を始めるようになります。今でも薬剤師のつもりのフミさんは、高血圧症の夫に処方された薬を手にして、いつもブツブツとひとり言を言っています。

あるとき姿が見えなくなったので夫が捜しに出ると、近くの薬局で「なぜ私をクビにしたの！」と店員に詰め寄っています。まだ現役のつもりで、しかも縁もゆかりもない店でクビにされたつもりになっているのでした。どうにか連れ戻して、「お前、薬剤師は15年前に引退しただろ」「あの薬局に勤めたことなんかないじゃないか」と夫が説得しますが、無駄に終わりました。

このように、いったん「つもり病」が強く出てしまうと、認知症の人はそれを決して曲げません。言い分は「絶対」なのです。たとえば、自分が財布をどこに置いたか忘れただけであっても、「盗られた」と思い込んだら財布は盗まれたことになってしまいます。そこで家族が財布を見つけて渡しても、今度は「私が盗られたと騒いだので、犯人が返しにきたんだ」と言い張ることもあります。

ところが逆に、認知症の人がすんなりと動いてくれることがあります。それは、本人が「納得」して自発的に行動するときです。

87歳の腰痛持ちの男性。昔は風呂好きでしたが、認知症状が出始めてからというもの、すっかり入ろうとしなくなりました。家族が「入って」と勧めても、お風呂がイヤなのか、〝入浴したつもり〟になっているのか、「昨日入ったから今日はいいよ」をくり返します。

そのうち体が臭うようになってきたので、家族も「汚い」「臭いよ」「みっともないわ」と毎日説得を続けますが、どこ吹く風。ケアマネジャーと相談して、「腰痛に効く薬湯を買ったよ」と、入りたくなるようにしむけても効果なし。結局2年、お風呂に入らないままでした。

ところが、その年の暮れに状況が一変します。テレビで〝年末特集〟をやっているのを見たとたん、「さあ、今年の垢は今年のうちに落とそうか」と自発的にお風呂に入ったのです。長く汚い2年間はこうして無事に幕引きとなりました。何か彼なりに「納得」できるものがあり、それが行動につながったのでしょう。このように、認知症の人の言い分は「絶対」ですが、「納得」すれば動くのです。

住む世界が違うことを認識しよう

認知症の人が言い分を曲げない原因は、いろいろ考えられます。忘れているのかもしれませんし、病気のせいで正しい判断ができなくなっている、とも考えられます。あるいは不安な気

同じことをしていても、同じものが見えているとは限らない

持ちの裏返しとして、自分の意見にこだわるのかもしれません。
ですが、この頑固さの根本的な理由は、本人が〝認知症の脳がつくり出した世界〟にいるからです。つまり、私たちと認知症の人とでは、そもそも住んでいる世界が違うということです。
たとえば、つい10分前にご飯を食べたのに、「食べてない」と言う認知症のお年寄りがいたとします。この人に、「さっき食べたでしょう」と言っても納得はしません。脳が食べていないのです。だから、〝食べていない〟というのが、この認知症の人にとって〝本当のこと〟になっているのです。
あるいは先に紹介したコマツさんのように、自分がまだ現役の社長だと思っている場合、脳が正常に働いている私たちからみると、それは誤りであり、おかしなことです。だからつい、否定して「そうじゃない」と説得したくなるのですが、そんなことをしても、本人の怒りを買うだけです。コマツさんは、自分が社長であるという〝現実〟の中に生きているのですから。

このように、私たちのいる「足し算の世界」と、認知症の人のいる「引き算の世界」は大きく異なります。だから、私たちの常識や理屈は「引き算の世界」では通用しません。押しつけようとしても、お互いストレスになるだけです。

むしろ認知症の人それぞれの「引き算の世界」に私たちが合わせることで、本人から納得を引き出し、穏やかに生活してもらえるように誘導するほうが、よほどうまくいくのではないでしょうか。その〝納得を引き出す方法〟が「引き算する」ことなのです。では具体的にどうすればいいのか、章を改めて、詳しく説明しましょう。

第2章

認知症の人が落ち着く「引き算」を使った言葉かけ

私が初めて使った「引き算」
私にとって
ノブオさんは
忘れられない
利用者です
えーと
こちらは
ヤマダ ノブオさん
79歳の
元税理士さんね
こんにちは
は
初めまして
右馬埜です
はいはい
ちょっと
待ってね
あなた！
区の方が
お見えよ！
あ～
大変だ～
忙しい～
あ こんにち…
今日は
ダメダメ！
締め切り
なんだ！
3月は申告で
大変なんだからさ
今5月…
あー
忙しい忙しい

また言ってる…まだ現役のつもりなのよ
もう計算さえできないのに…
んもう！
あー忙しい忙しい
……
あ！
仕事は引退したでしょう！
あの…！
何を！
いいかげんにして！
すみません！うちの申告もお願いできませんか？
いいよ！
申し訳ありませんが今本当に大変で事業所まで来ていただけると助かるんですが…
しょうがないなあ行きますよ
こうして――
今日も申告お願いします
うん行こう
ノブオさんにはいつも〝税理士〟として通っていただくことになりました

前ページのマンガの、太字のセリフが「引き算」です。おわかりいただけたでしょうか。そう、「引き算」とは、わかりやすく言えば「ウソをつくこと」なのです。この場合私は、まだ現役の税理士のつもり・今日が申告日のつもりでいるノブオさんに合わせて、現実にはあり得ない〝申告〟をお願いすることで、彼をデイサービスに連れ出したのです。

ふたつの世界をつなぐ架け橋

「ウソ」と言うと聞こえが悪いのは百も承知ですが、実はこれが、認知症の人に寄り添うとてもいい方法なのです。

前章で説明したとおり、認知症の人は「引き算の世界」、つまり現実とは異なる世界にいます。病気である以上、私たちのいる「足し算の世界」に引き戻そうとするのは無理な話です。となると、私たちのほうから彼らの世界に歩み寄る必要がありますが、そのときに架け橋となるものこそ、この「ウソ（＝現実と異なること）」、すなわち引き算なのです。

認知症の人に、私たちの世界での正しいこと（＝事実）を「足し算」のように押しつけても、本人を混乱させるばかりです。言われた側が取り乱したり怒ったりすると、言う側にもストレスがたまります。どちらも疲れる負の連鎖が、延々続くことになるのです。

この悪循環を断ち切るには、どうすればいいのでしょう。極端な言い方ですが、「説得」してやめさせようとするよりも、むしろ認知症の人のやりたいようにさせてあげることで「納得」を引き出し、よい方向へ導くほうがいいのではないでしょうか。

たとえば、自宅にいるのに「家に帰る」と言う人は、家に帰してあげましょう。ただし、現実には帰しようがありませんから、引き算によって〝帰して〟あげるのです。その日の天候に合わせて、たとえば風がひどく強い日ならこう言ってみましょう。

「外は嵐なので、今日は泊まってください。明日送っていきますから」

認知症の人は、このような言葉で実際に落ち着いてくれるのです。たとえば、1ヵ月ほど前に死んだ飼い猫が「いない」と言って騒ぐ女性がいました。息子や孫が「もう死んだよ」「葬式もしたじゃない」と言っても、すぐ忘れて「猫がいない」と大騒ぎします。

お嫁さんから相談を受けた私は、女性にこう伝えるようにアドバイスしました。

「猫は入院中です」

すると納得したのか、だんだん猫のことは言わなくなったそうです。

このように、言葉ひとつでその場が穏やかにおさまるようになれば、本人にとっても介護者にとっても、これほどいいことはないはずです。まさに「ウソも方便」でしょう。ちょうど次ページのイラストのように、引き算が橋わたしをしてくれるのです。

× 足し算の対応

○ 引き算の対応

忘れることを逆手にとる

でも、もしかしたらこのような方法は、単なるその場しのぎに見えるかもしれません。「後でウソがばれたら困る」とか「認知症の人が傷つくのではないか」と心配する人もいると思います。

ここで思い出していただきたいのは、認知症は「忘れる病気」だということです。健康な人なら記憶にとどめておけるようなことでも、認知症の人は時間がたてば忘れてしまうのです。だから、うまくいった方法は何度でも使えるし、相手を傷つけることにもなりません。

マサオさん（88歳）のケースをご紹介しましょう。毎回、デイサービスに来て楽しそうに過ごしているのですが、家に帰ると本人が事業所に電話をかけてきます。認知症になると機器の使い方を忘れてしまうのが普通なのに、まだ電話をかけられるというのも不思議な話ですが、それはさておき、受話器を取るとマサオさんは必ずこう言います。

「僕は退会届を出したはずです。もう迎えに来ないでください」

電話に出た職員が「はい。わかりました」と言うと、納得して電話は切れます。

そして次の利用日にマサオさんを迎えに行くと、「退会届を出してあるんですよ。困ったなあ、迎えになんか来て」と言い出します。

実はこのようなやりとりは毎度のこと。お迎えを担当する運転手も心得たもので、心底困ったふりをして、次のように訴えます。

「私も困っているんですよ。退会届をお出しになっているのに、主治医の××先生が迎えに行けって言うんで……。何とかしていただけませんか」

するとマサオさん、「あんたも困っているのか。弱ったなあ。じゃあ、行くよ」と、腰を上げるのです。そしてデイサービスで一日楽しく過ごして帰宅すると、また事業所に電話が入り、「僕は退会届を出したはずです」――このくり返しが、かれこれ2年続いています。

マサオさんは何を言われたか、すっかり忘れているのです。それに対する運転手の対応は立派な引き算ですが、このように引き算とは、認知症のいちばんの特徴である「忘れる」ことを逆手にとった方法です。時間がたつと忘れてしまうのだから、それを利用すればいいわけです。

「引き算」でその人に寄り添う

こうした事例を通じて、読者のみなさんが「引き算は理にかなっている」と感じてくだされぱうれしい限りですが、それ以上に私が知っていただきたいのは、引き算することは、認知症の人に寄り添うとてもよい方法であるということです。たとえば私は、こんなケースを担当したことがあります。

フサコさん（86歳）は、何も背負っていないのに「背中の子、下ろしてよ」と言い続けるので、「悪い霊でもついたのか」と家族に気味悪がられていました。あるとき〝健康調査〟の名目で自宅を訪問した私が、フサコさんに「お子さんは何人ですか」と聞いてみると、「ひとりしか産んでいません」と言います。「しか」という言葉がひっかかりました。普通なら、「ひとりです」とか「ふたりです」と答えるものです。家族に事情を聞いてみると、フサコさんのつらい過去がわかりました。

フサコさんが結婚して子どもを産んだのは戦時中のことです。産後のひだちが悪く、どうしても子どもの世話ができなくなって病院を受診したところ、「結核」と診断されました。当時、結核は死につながる恐ろしい病気でした。彼女はすぐに山の中にある療養所へ隔離入院させられたのです。生後間もない息子の世話は、実の妹に頼むこととなりました。

フサコさんの闘病生活は15年にわたりました。無事に健康を回復したのですが、その間に彼女が帰るべき家はなくなっていました。妹はフサコさんの息子だけでなく、夫の世話までして事実婚のような関係になっていたのです。フサコさんは実家に戻り、そこで小さくなって暮らしました。

引き算で穏やかに過ごせるなら、認知症の人にとっても幸せ

その後、さらに10年ほどの月日が流れ、最初にフサコさんの夫が、次に妹が亡くなりました。その頃すでに30歳を過ぎていたフサコさんの息子は事情を知っていて、フサコさんに同居を申し出ました。フサコさんは喜んで受け入れたそうです。

しかし、息子のもとに戻り、孫にも恵まれて幸せな老後を過ごしていたのも束の間、回覧板を押し入れに入れて忘れてしまったり、連絡網の電話をつなぎ忘れるなど、ミスが頻発するようになりました。認知症の発症です。病気とは知らない息子が失敗を咎《とが》めると、やがてフサコさんは自室にこもって「この子を下ろして」と、負ぶってもいない子を下ろせと言っては取り乱すようになりました。私は、**「本物の赤ん坊に近い重さの人形を、フサコ**

さんに背負わせてあげてください」

と家族にアドバイスしました。すると、「自分の子を自分の背中でしっかり守っている」と納得できたのか「この子を下ろして」の訴えはなくなり、穏やかに過ごせるようになったのです。フサコさんの心の中では、戦時中、我が子を抱けなかったことや、家を〝失った〟つらい経験がいまだに尾を引いていたのでしょう。息子夫婦は驚くと同時に、母が不憫で胸が痛いと涙ぐんでいました。

前章で書きましたが、「ぼけざまは生きざま」です。引き算はその人の〝ぼけざま〟に合わせることで、生きざまにも合わせることになるのです。昨今は認知症になっても「その人らしく生きる」ことが大切と言われるようになりましたが、引き算の言葉かけは、その人の生きざまに添っている点で、まさしく「その人らしさ」に配慮した対応と言えるのです。

「足し算」はいじめにつながりかねない

それでも、「悪徳商法みたい」「お年寄りをだましてはいけない」という意見があるかもしれません。私も以前、ある精神科医から「ぼけてるからといって、ウソを言ってはいけませんよ」と言われたことがありました。〝正しい〟意見だとは思うのですが、果たしてそれだけで介護がうまくいくものでしょうか。

だいぶ前にテレビで見た、認知症の特集番組が思い出されます。ある介護施設の日常を通して、認知症とはどういうものかを解説する内容でした。

あるシーンでは、血圧の薬をめぐって看護師とお年寄りが衝突していました。看護師は最初、「血圧が高いんだから、このお薬を飲んでください」「先生が言ってるんですから」などと優しく説明していたのですが、認知症のお年寄りはどうしても飲んでくれません。説得が通じないので、「どうして飲まないの！」と、看護師の口調もだんだん荒くなります。しまいには錠剤を無理にお年寄りの口に入れようとして、もみ合いのようになっていました。

別のシーンでは、認知症のお年寄りが「私、子どもが3人もいるのに、誰も迎えに来てくれないの」と介護士に話しかけています。介護士は、忙しさで少し気が立っていたのでしょうか、「3人じゃなくて、ふたりでしょう！」と、ちょっと驚くような調子で言い放っていました。

職場の数人がこの番組を見ており、「お年寄りがかわいそう」「心が折れた」と私と同様の感想でした。〝心が折れた〟と言ったのは、他事業所へ実習に行き、そこで職員の説得におびえる認知症の人に接し、心が折れたという経験をもつ人でした。

確かに、どの場面からも、「認知症の人にわかってほしい・うまく対応したい」という施設職員の思いは伝わってきましたし、実際がんばっているのでしょう。ですが、日々こんな摩擦をくり返していては、介護者はボロボロになってしまいます。一方、認知症のお年寄りから見ると、毎日キツい言葉を投げつけられたり、何かを〝無理強い〟されたりすることになるわけで、こんな苦しい生活はないと思います。

もちろん私も、認知症の進み具合や状態によっては、事実を伝えることを全否定はしませんが、この番組を思い出すたびに、認知症の人にいつでも〝正しいこと〟を教えてあげるのが本当に〝親切なこと〟なのか、疑わしくなってきます。認知症の人が混乱したり、苦しむようであれば、むしろ「いじめ」になっていると言えるのではないでしょうか。

引き算は「知恵」であり「技術」

「ウソ＝悪」ととらえる人がいる一方で、感情的にウソをつけないという人がいます。引き算の話をしたところ、「母にウソなんてつけません」と、私に言った女性もいました。認知症の実母を介護している女性です。病気になって以来気むずかしくなった母親は、いつも娘のことをけなします。娘さんは実母の世話で、精神的にも肉体的にも疲れ果てていました。

ところがあるとき、「たまにはおいしいものでも食べよう」と、気分転換に豪華な食事をつくったところ、「あら、こんなご馳走食べたことがないわ。どこのどなたか知りませんが、ご親切にありがとうございます」と母親が頭を下げたというのです。

母親は、目の前の人物が誰なのかわからなくなっていたのですが、そう言われた瞬間、娘さんははたと気づいたそうです。「そうだ、この手でいけばいい。他人を装えばいいんだ」と。他人を装うという「ウソ」を使ってお母さんと暮らしていく。これも立派な引き算です。引き算は認知症の人と上手につき合い、ともに生きていくための「知恵」になるのです。

このような知恵の大切さは、認知症ケアの最先端国と言われるスウェーデンで、すでに広く認められています。ある雑誌の記事で、スウェーデン認知症連盟の理事を務めた女性がこう語っています。この女性は、日本のヘルパーから次のような相談を受けました。

「自分が担当している患者は元国家公務員のエリートで、非常にプライドが高い。食堂に行こうと言っても、部屋に移動しようと言っても全く言う事を聞いてくれない。どうすればいいですか?」

理事の女性は次のように答えたそうです。

「私なら、『**さあ、今日は県知事の諮問会議がありますから会場へ参りましょう**』と言います。プライドの高い役人が喜ぶ言葉を使うのです。こうした言葉はウソだと思いますか? 私は相手の世界に寄り添うための言葉だと思っています」

この言葉から私は、引き算による言葉かけが立派な介護技術であることを、改めて確信したものです。

認知症のお年寄りは、病気によって生活力が低下していて、しかも不安な気持ちでいっぱいです。誰かが手を貸してあげなければ、その人の生活は危険にさらされかねません。認知症の人の生命・健康・財産を守るためには、きれいごとばかり言ってはいられません。たとえば介助のためヘルパーが認知症の人のお宅に入らねばならないとき、あるいは認知症の人が穏やかでないときなどに、「気持ちに寄り添う言葉かけ」をためらう必要があるでしょうか。

もちろん、ウソを悪用するのは絶対に許されません。ですが、高齢者を悪徳商法から守るのは警察、消防、国民生活センターの仕事です。防止や救済はそちらにまかせて、私たち介護者は引き算方式で堂々と、そしてしっかりケアの務めを果たせばいいと思います。

そもそも私たちの国には、ウソをひとつの知恵として、大切にしてきた文化があります。ことわざは「ウソから出た実《まこと》」と言いますが、「ウソから出た誠」の気持ちで遠慮なく引き算を使えばいいのです。ウソの奥に優しさや愛情があるかどうかの問題ではないでしょうか。

引き算の心得十カ条

引き算を使った言葉かけや対応について、説明すべきことはまだまだありますが、細かいことは次章へまわし、具体的には介護者がどのように動けばいいのかを、ここで考えてみたいと思います。

人生いろいろ、ぼけ方もいろいろですから、残念ながら「こうすれば必ずうまくいく」という公式のようなものはありません。ですが、押さえておかねばならない基本的なポイントは絞り込めます。私はそれを十ヵ条にまとめました。一部くり返しになりますが、大切なことなので事例とともに改めて解説します。

①積んだ知識がこぼれてる。「足し算」やめて「引き算」で——その人の世界に合わせよう

今年で85歳になるシンイチさんは元大学教授。子どもの頃から神童と呼ばれるほど優秀だったそうです。教職に就いてからも、大学の重鎮としてご活躍だったと聞きました。

ところがそんなシンイチさんも、現役を退いた頃から物忘れがひどくなりました。認知症は人を選びません。高い知性を持つ人の「壺」からも、どんどん記憶がこぼれていきました。

家族がいちばん困ったのが、例の「つもり病」です。シンイチさんは、まだ自分が現役の教授のつもりでした。しばしば出勤しようとするだけでなく、「迎えの車が来ない」と表に出たきり戻ってこないというのが日課のようになってしまいました。道に迷って帰ってこられなくなっていたのです。最初の頃は家族が総出で捜していましたが疲れ果ててしまい、そのうち警

察からの電話を待つようになったといいます。

毎日の騒ぎにほとほと困った家族はデイサービスの利用を考え、シンイチさんと一緒に見学に来ました。ところがシンイチさんは、「自分はそんなに年寄りではない、どこも悪くない！」と断固拒否します。

そこでデイサービスの送迎車をシンイチさんの家につけ、

「教授会のお車です」

と引き算したところ、何事もなく来ていただくことができました。以来ずっと、シンイチさんに〝教授〟をやっていただいています。

このように、〝現役時代〟に戻ってデイサービスに来ている人は、私の周囲にたくさんいます。65歳の元酒屋の男性には、

「うちは年寄りが多くて外に出にくいので、注文を取りに来てくださいませんか」

と言って来ていただいていますし、元教師の人には、

「大人の学校があるんですけど、講師をお願いできませんか」

とお願いして通ってもらっています（「大人の学校」という言葉にも注目してください。「デイサービス」「施設」などといった、〝いかにも介護〟という印象のない言葉を使うのがポイントです）。

認知症の人は記憶がこぼれ落ちた結果、過去に遡《さかのぼ》っているようなもの。「あなた、もう退職したじゃないの」と事実をつきつけて「足し算」しても、本人を混乱させ苦しめるだけです。引き算に切り替えましょう。

②説得は「ザルに水」の空しい作業——正論が通用するとは限りません

私がある入院病棟で体験した出来事です。「ねえ、お部屋に行こうよ」「風邪ひくから」「先生に怒られるよ」という声がするのでそちらに目を向けると、自動販売機の脇にあるベンチに、見たところ80代の女性が座っています。

女性はバスタオルのようなものを丸めて抱え込んでいますが、荷物を抱えているようでもあり、赤ん坊を抱いているようにも見えました。素足に履いている白いシューズには、大きく「タミコ」と書かれています。

女性の隣には看護師が、泣きそうな顔でつき添っています。認知症らしきこの女性を何とか病室に連れ戻そうとあれこれ説得しているようですが、女性は聞こえないふりをしています。しまいには子どものように〝あっかんべー〟をしてそっぽを向いてしまいました。

寒い冬の日、病棟内は心なしかひんやりとしていました。素足にシューズの姿があまりにも寒そうに見えたので、私は友人を装って、

「あら、タミコさん。お久しぶりです。今日は赤ちゃん連れですか。それは大変。お部屋に行かないと風邪をひくわ」

と、穏やかに声をかけました。女性は私のほうに目を向けると、笑顔を浮かべて立ち上がり、部屋へと歩き出しました。あわててその後を追う看護師が私に、「お知り合いですか?」。お知り合いどころか、この女性とはまったくの初対面で、しかも名前が本当にタミコさんなのか、赤ん坊を抱いているつもりなのかすら、私にはわかりません。

それでも何とかなったのは、

「お久しぶりです」

と、知人のように振る舞うことで空気を変えたからです。

認知症の人に説得は通用しません。記憶の壺が壊れているので、理解できないのです。説得はザルに水をためようとするのと同じく、徒労に終わるでしょう。むしろ、このようなひと言のほうが、効果を発揮するものです。

③「生きざま」が教えてくれる介護の手ほどき——その人の人生を念頭におきましょう

認知症介護では、必ずその人の人生を念頭において本人に対応するようにしましょう。さもないと、次の事例のような思わぬ騒ぎになってしまうことがあります。

元肉屋のユウさんは現在82歳。5年前に店をたたんでから物忘れが始まり、認知症と診断されました。ときどき「包丁を研ぐよ」とか「お釣りだよ」などと、肉屋になりきっていることがあります。

ある日、ユウさんの孫のお嫁さんから私に電話が入りました。「おじいちゃんが包丁を振りまわしている！」と、かなりあわてた様子です。そのまま話を聞くと、次のようなことでした。

孫嫁さんが買い物から戻ったところ、包丁を持ったユウさんがキッチンから出てきたそうです。驚いて「おじいちゃん、危ないから包丁置いて！」と言っても、放す気配がありません。焦って大声で「置いてよ！」と叫ぶと、ユウさんは怒り出して彼女のほうへ向かってきたそうです。それで身の危険を感じ、自室へ逃げ込んでそこから電話しているとのことでした。

私は、とりあえず部屋に隠れていること、10〜20分後に落ち着いたのを見計らって出ていくように、と指示をして電話を切りました。それから約1時間後、孫嫁さんからまた電話があり、ユウさんは「何事もなかったみたいにテレビを見ている」とのことでした。

孫嫁さんを責めるつもりはないのですが、包丁を握っているユウさんを目にしたとき、焦らずに彼が肉屋だったことを思い出して対応してくれれば、こんな騒ぎにはならなかったのに、と私は思ってしまいます。そうすれば、彼が肉屋のつもりになっていたことが理解でき、もっと上手に対応できていたかもしれません。

いきなり大声を出せば誰でもムッとする。まずは静かに声かけを

では、このケースではどうすればよかったのでしょうか。認知症の人には「したいようにさせる」とはいえ、ユウさんや周囲の人がケガをする危険もありますから、まさか包丁を使わせるわけにはいきません。ここはひとつ、

「おじいちゃんは働き者ね。少しは休んでくださいよ」

と、労をねぎらってからお茶でも勧めましょう。生きざまのほうに引き算すれば、きっと納得してくれたはずです。

④「揺るがぬ言い分」には、負けて勝つ――「負けるが勝ち」と思いましょう

ハナコさん（85歳）は、かわいらしい名前のわりには強情な人だったそうです。認知症になってから、その性格がいよいよ強くなりました。

食事の30分後には「ご飯まだ?」と言います。お嫁さんは「さっき食べたでしょ」をくり返しますが聞く耳を持ちません。そのうちハナコさんの口調が厳しくなるのが常で、お嫁さんはその場から逃げ出すのですが、後を追いかけてご飯の要求を続けます。

いい方法はないかと考えたお嫁さんは、食事の後の洗い物のとき、ハナコさんの茶碗だけそのまま残すことにしました。「ご飯まだ?」が始まるとハナコさんを食卓の前に連れていき、「これはおばあちゃんの茶碗でしょ、食べてあるじゃない」と茶碗を指しますが、ハナコさん

は「誰かが私の茶碗で食べたのよ」と答えます。

ほかに方法はないかと考えたお嫁さん、今度は食事の前に紙とエンピツを用意しておき、食べ終わると同時にハナコさんに「ご飯食べました」と書かせました。

これで安心と思っていたのですが、しばらくするとまたご飯の要求が始まります。お嫁さんは呆気《あっけ》にとられつつ、「おばあちゃん、これ読んで。これは誰の字？」と、先ほどの紙を見せて問い詰めたところ、ハナコさんは「誰かが私の字に似せて書いたんだ」と言い張る始末。

茶碗を残そうが一筆書かせようが、ハナコさんの中では〝食べてないものは食べてない〟のです。脳が食べたことにならない限り、茶碗や紙を見ても本人にはつじつまが合いません。こういう場合は、本当に食べていなかったことにしてしまいましょう。たとえば、

「ごめん！　炊飯器のスイッチ入れるの忘れてた。少しだけ待っててね」

と言って謝ってしまえば、「ああそう」と素直に待ってくれるでしょう。

もしかしたら、20～30分ほど後にまた、「ご飯まだ？」が始まるかもしれません。そうしたら、また「スイッチ入れるの忘れてた」が使えます。ある講演会でこの方法を紹介したところ、「『もうできてるでしょ？』などと言われるのが不安だ」という人もいましたが、ここは堂々と同じ手を使ってください。30分前のことを忘れるなら、ご飯が炊きあがるまでの小一時間を憶えていることなどないでしょう。２～３度は要求されるかもしれませんが、もし、くり返しが気に

なるようであれば、気分転換のためにお茶の時間にしたり、外出に誘ったり、テレビの話題などに切り替えるのもいいと思います。

自分が悪いわけでもないのに謝るのは、ちょっとイヤかもしれません。でもここは割り切って、「負けるが勝ち」と思ってやってみてください。

⑤話は短く「点」でひと言、長い話は点々バラバラ——短く・易しく伝えましょう

個人差や認知症の進み具合にもよりますが、認知症の人に話しかけるときは、とにかく短い言葉で伝えるようにしましょう。

私たちは人の話を聞くとき、次のような経験をすることがあります。聞き始めは何のことかわかりません。ところが、辛抱強く話をたどるうちに、点のようなひと言がだんだん線のように連なっていき、やがて初めのわからなかった部分ともつながって、ついに「ああ、そうだったのか」と腑に落ちる、あの経験です。これはいわば「話が円になる」ような現象だと言えます。

ところが、認知症の人にはそれがありません。長いセンテンスだと、その文章を終わりまで聞く前に初めのほうを忘れてしまうほどです。

逆に、短い単語や記号、あるいはマークなどは理解してもらえます。たとえば「出口」「禁止」「故障」「危険」「便所」などは、長年生活する中で、いわば〝約束事〟として身についた言葉

なので、認知症のお年寄りにもわかりやすいのです。後の事例にも出てきますが、「日曜日」という言葉も便利です。「休みの日」のシンボルになっているので、伝わりやすいのです。

話し言葉としてこれらの語を使うときは、できるだけ短い文章を考えるといいと思います。たとえば「出口はこちらですので、ご案内いたします」ではなく、「出口はこちらです」と言って、後は手でその方向を示す、といった具合です。

さらに、こういった〝決まり文句〟を貼り紙に使う方法もあります。認知症が進むとだんだん字が読めなくなるのが普通ですが、〝約束事〟として体に刻み込まれた言葉は、認知症の人にも伝わるからです。このときも、1語とか2語とか、「点」のような言葉でパッと伝えるのがコツです。そんな短い言葉でうまく引き算したケースがあります。

認知症になると普通は風呂嫌いになると言われますが、大工の棟梁だったシゲルさん（83歳）は、風呂好きが高じて一日に何度も入浴するようになってしまいました。なにしろ、若い頃からほぼ毎晩〝ひと仕事終えて、ひと風呂浴びて、風呂上がりにビール〟という生活だったので、それがすっかり習慣として彼の体に刻み込まれているのです。

しかし認知症になって以来、さっき入浴したことを忘れてしまうため、同じ日に何度もお風呂に入るようになってしまいました。血圧が高いので家族は心配していましたが、どうしても止められません。本日も夕食後、3回目の入浴に向かいます。

ところがシゲルさん、少したって戻ってきました。「今日は停電だって！」と言います。実はシゲルさんの孫があらかじめ、浴室に、

「本日停電」

と貼り紙をしていたのです。停電どころか、天井を仰げばしっかり電気がついているのですが、認知症のため「停電」という情報と現実がつながらないようです。ともあれ、何とかお風呂に入るのをやめさせることができました。

このように、してほしくない行動があれば、シゲルさんのケースのように短文で貼り紙してみてください。役立つこと請け合いです。

⑥「北風と太陽」、無理強いはケガのもと ――「力ずく」はトラブルのもとです

「北風と太陽」というイソップ童話を知らない人はいないでしょう。北風と太陽が、旅人のコートを脱がせられるかどうか競争したという、あの話です。北風は強い風でコートをはぎ取ろうとしましたが、旅人が寒がって襟元をしっかり押さえて着込んだため、競争に負けてしまいました。結局、暖かい陽気を送った太陽のほうが勝ったのです。

認知症介護にも同じことが言えます。北風のように力ずく・無理やりではだめなのです。

認知症の人によくある行動として昼夜逆転があげられますが、ヒロシさん（75歳）もその傾

向が強い人でした。深夜2時に起き出してコートと帽子を身につけ、鞄を片手に出ていこうとします。気配に気づいた妻のツルさんが声をかけると、「会社に行く」という返事です。

ツルさんが「会社に行っても誰もいないよ」「電車が動いてないじゃない」と言っても聞く耳を持ちません。腕をつかんで引き留めようとしたところ、ヒロシさんが振り払おうと力いっぱい腕を振り上げました。その瞬間、拳がツルさんの鼻を直撃し、出血させてしまったのです。

ツルさんの「ギャッ」という声で、ヒロシさんは我に返って異変に気づき、「こんなひどいことをやったやつは誰だ！　仇を討ってやる！」と怒鳴ります。ツルさんが「あんたがやったのよ！　手に血がついてるじゃない！」とヒロシさんの手を指さすと、その手は血で真っ赤になっているではありませんか。

これで一気に力が抜けてしまい、夫婦はがっくり座り込んだといいます。ヒロシさんは〝自分がやったこともわからなくなった自分〟に落胆し、ツルさんは〝自分でやったこともわからなくなっている夫〟のことがショックで座り込んだのでした。

認知症の人にとっては目が覚めたときが「朝」なのです。逆に、周囲が暗くなると、「夜だ」と思い込む傾向があります。にわか雨で空が真っ暗になったり、あるいは冬の日に、ちょっと早めに雨戸を閉めただけなのに、午後3時頃から夜と勘違いして布団に入る人もいます。

説得は空しい作業だと書きましたが、そんな行動をする認知症の人を力でどうにかしようとするのは、空しいどころか危険でさえあります。ヒロシさん・ツルさん夫妻のように、誰かが思わぬケガをすることだってあるでしょう。

こういうときは、サラリーマンに戻ったつもりになっている本人に合わせましょう。たとえば先に紹介したように、

「今日は日曜日よ」

と穏やかに伝え、ゆっくり休むよう労《ねぎら》ってみるのです。〝会社も学校も公共機関も、日曜日は休み〟というのは常識で、全世界共通の約束事となっています。だから、困ったときはとにかく「日曜日」にしてしまいましょう。きっと認知症の人の納得を引き出せるはずです。

⑦正直者はバカを見る。安定剤は「ウソも方便」——「正直＝いいこと」とは限りません

バカとはちょっとひどい言い方かもしれませんが、こと認知症介護においては、正直者が得をすることはまったくありません。元公務員のトシエさん（71歳）の事例が、そのことを教えてくれました。

トシエさんはデイサービスに通っていますが、昼時になると必ず、「あら、もうこんな時間？帰らなきゃ」とあわて出します。毎度のことですが、「ヒロコが帰ってくる。カギを開けなきゃ」「ヒロコが遠足なのよ」と言うのです。

仕事をしていたトシエさんの娘さんは、いわゆる「カギっ子」でした。孫ができて〝おばあちゃん〟になり、認知症を発症したトシエさんは、今は孫を娘と勘違いして、その顔を見ては「ヒロちゃん、明日遠足？」と声をかけるそうです。

なぜか「カギ」と「遠足」にこだわりがあるようですが、カギについては何となくわかっても、遠足については理由がわかりません。とはいえ、キーワードがはっきりしているので、「ヒロコが遠足なの」と言うトシエさんに、職員はおつき合いします。

「遠足のバスは遅れるという電話が入りました」

「ヒロコさんはお弁当を食べてくるそうです。トシエさんもお昼を食べて待っててくださいって、言ってましたよ」

と、噛んで含めるように伝えて落ち着いてもらっています。

この引き算を足し算に変えると、何が起こるでしょうか。以前、デイサービスのボランティアが、「帰らなきゃ」と動きまわるトシエさんに、「それは娘さんじゃなくてお孫さんでしょう」「雨だから遠足なんてあり得ませんよ」と、事実をわからせようとがんばったことがありました。するとトシエさんは急に怒り出し、「カギがない！」と泣きながら暴れ出したのです。

その後、〝引き算名人〟の職員がうまく対応したのでその場はおさまりましたが、正直さがとんだ悲劇を生むのだと思い知った出来事でした。

⑧「知恵比べ」、わからず屋には知恵で応戦――いろいろな言い方を考えておきましょう

引き算は生きざまに添ってしなければなりませんが、逆にその生きざまが介護を妨げることがあります。イシさん（80歳）のケースがそうでした。デイサービスで昼食の時間になっても、食事を摂《と》ろうとしません。「私は帰りますので、結構です」の一点張りで、手を替え品を替え勧めても口をつけようとしません。

イシさんの娘のミチコさんによると、自宅でも「結構です」と言い出すそうです。イシさんは厳格なお父さんから「他所様《よそさま》のご飯時には、ものほしそうに見てないで、さっさと家に帰りなさい」と、キツくしつけられたとのこと。

自宅も他人の家もわからないくらい認知症が進んでいるのに、70年以上も前に教え込まれたことはしっかり憶えているのが不思議なところです。いずれにしても、体に染みついたものが妨げになっていました。

さあ、どうしたらいいのでしょうか。イシさんのプライドを傷つけることなく食べていただくために職員で知恵を出し合って、次のように対応してみました。

まず、デイサービスの昼食を、食材保管用の容器に詰めてお弁当に仕立てます。

それを、「ミチコさんが届けてくださいましたよ」と声をかけてイシさんに渡します。

イシさんは「あら、母が届けてくれたの？」と、うれしそうにとんちんかんなことを言っていましたが、それでも喜んで〝お弁当〟を食べました。身内がつくったものなら大丈夫だということでしょうか。

ともかく、食べ始めてしまえばこちらのもの。このように、すべて最初の一歩、導入が肝心です。その人の世界に入り込むカギは何か、本人を前に考えに考えねばならないこともあるという点で、引き算は認知症の人との知恵比べに似ていると言えます。

⑨「ありがとう」と元気の種を蒔《ま》きましょう――お礼の言葉で場を和ませます

お礼を言われれば誰でもうれしいものですが、それは認知症の人も同じです。ところが、介護を受けるようになると「ありがとう」と人に言うばかりで、自分が言われることはぐんと少なくなるものです。

他人にお世話されてばかりの毎日は楽しいでしょうか？　そんなはずはありません。ときには認知症の人に〝活躍〟の場を提供することで、お礼を言われる状況をお膳立てしましょう。それがお年寄りに笑顔と穏やかな時間をもたらします。

たとえば私のデイサービスでは、利用者の方にこんなお願いをすることがあります。

・料理自慢のヨシさんには、「みんなが、ヨシさんのつくったホットケーキを食べたいそうよ」

役割は、その人の「生きがい」にもなり得る

と伝えて、おやつづくりをしてもらう。

・書道が得意なヤスシさんには、「お祭りがあるんだけど、寄付をくれた人の名前を書いていただけますか？　私たち、字が下手なもので……」と言って書いてもらう。

・縫い物上手のミヨさんには、「近くの学校へ雑巾の寄付をすることになったんだけど、私たちだけでやると残業になっちゃう。本当に困っているから手伝って！」と古タオルを渡し、雑巾づくりをしてもらう（この雑巾は、後でデイサービスで使う）。

本当にホットケーキが食べたいのか、祭りがあるのかはこの際、問題ではありません。こちらがへりくだって、それぞれに好きなこと・得意なこと・できることをお願いして働いていただくのです。〝仕事〟が終わったら

職員は、

「今日はありがとうございました。助かりました」

と、しっかりお礼を言いましょう。それぞれの得意分野で腕を発揮したお年寄りの顔は、「ありがとう」の声でさらに輝きを増すはずです。

一見、利用者をこき使うかのようであり、ホットプレートでのやけど、針やハサミでのケガなど、危険はないのか、との意見をいただくこともあります。ですが、これこそ「昔取った杵《きね》柄《づか》」で、針やハサミを使うのはお手のもの。さらに、働くことそのものがケアになっていることを、お年寄り自身の顔が証明してくれます。

⑩「忘れることを利用」、それが優しい関係です ―― 病気の特性を利用しましょう

ここまで読んでくださった方は、もうおわかりでしょう。認知症の人に接するときは、事実関係やものごとがきちんと合っているかどうかは、正直どうでもいいのです。

異なる世界に歩み寄ることができる私たちが、認知症の「忘れる」という特性を上手に活かしてその場の空気を変えること。場合によっては笑顔を生み出して明るくすること。それが最も大切なことです。認知症の人にも介護者にも「優しい関係」をつくり出す手段、それが私の提案する「引き算」を使った認知症介護なのです。

さて 章の結びに
本書の冒頭で
アキラさんが
体験した事例に
私なりの回答を
ご提案したいと
思います
私の家は
どこでしょう?
え!
この人
もしかして
認知症?
えーと…
道に迷ったんだな
でも住所が
わからないから
家に送っては
行けないし――
あ
そうだ
少し歩けば家が
見つかるかも
ぼ ぼくも
ちょうど
行くところが
あるんで
あなたの
家まで
お送り
しましょう
はい
どうですか?

このへん見覚えないですか？
さあ…
そうか じゃあ警察か交番…
けいさつ？
ビクッ
「交番」「警察」＝悪い人が行く所と思われるよな
あ いいえ
実は落とし物を届けに行くところだったんですが
心細いんで一緒に来てもらえません？
ああ ああ そう
こうして女性は無事に交番に保護されました
交番
この言葉かけのポイントは穏やかに声をかけ「交番」「警察」という言葉は避けることです
認知症の人が困っていたらどうか上手に声をかけて助けてあげてくださいね

POINT

行方不明の高齢者１万人超、その中には認知症の人が多数含まれると報道される時代になりました。認知症の人は、進行とともに自分で自分の身を守れなくなります。誰かの助けがなければ命だって落としかねません。認知症と思われる人が困っているときは無視したり素通りせず、手を差しのべてください。

第3章

使い分けで「引き算」の名人になろう

前章では「引き算」の言葉かけの基本をお伝えしました。さっそく試してみてください、と言いたいところですが、その前にもう少し知っていただきたいことがあります。何事も、竹を割ったようにスパッとはいかないものです。引き算が適していない人がいることや、ウソが見破られてしまった場合、どうすればいいかを考えてみましょう。

認知症の経過と「引き算」

第1章では説明を省きましたが、認知症は進行性の病気です。残念ながら決定的な治療法はまだなく、お年寄りは時間の経過とともにできないこと・わからないことが増えていきます。つらいことですが、引き算を使う介護者はこの事実を憶えておいて、経過の各段階に応じて引き算を変えていく必要があります。ちょっと長くなりますが、それがよくわかる事例を紹介しましょう。私がいちばん長くかかわったコウイチさんのケースです。

認知症の発症から最初期

コウイチさんはギターの先生でした。音楽学校で本格的に学んだ方で、ギターの海外留学も経験しています。60歳になるまでは、たくさんの生徒を教える先生でした。

ギター教室をやめた後は、会社員の妻が生計を支えていました。妻の勤務中は家でギターを弾いたり、得意な料理をしたり。妻が退職すると、ふたりで夕食の買い物をしてコウイチさんが料理をするという、当時ではめずらしい欧米型の夫婦スタイルで生活していました。

ところが75歳の頃、手を痛めてギターが弾けなくなりました。これは大きなショックだったようで、コウイチさんは閉じこもりがちになってしまいます。この頃から少しずつ認知症の症状が出始めました。閉じこもりの状態が、認知症の症状を急速に進めたのかもしれません。

本人も、「自分はどこかおかしい」と思っていたようです。78歳になる頃には、他人からおかしいと思われるのがイヤなのか、日中は外に出なくなりました。人目を避けて早朝や夜間に散歩に出かけますが、自宅に戻るまでに時間がかかるようになりました。どうも道に迷っていたようです。80歳になった頃、認知症の専門医にアルツハイマー型認知症と診断されました。

コウイチさんは認知症になる前は穏やかでダンディな方でしたが、診断が出る前あたりから人柄が変わり、気に食わないことがあるとすぐ怒るようになりました。妻には何かにつけ悪態をついたり、手をあげたりする〝暴君〟になっていましたが、外ではまだ穏やかに振る舞うことができました。いわゆる内弁慶です。

私が初めてお会いしたときは、コウイチさんの前では、妻が気を遣っているように見えました。コウイチさんを怒らせると後が厄介なので、刺激しないように振る舞っていたのだと思います。

本人はその脇で愛想笑いを浮かべていましたが、薄毛を隠すためにかぶっているカツラが印象的でした。妻の話では、自宅では頭に手拭いを巻いて隠しているのですが、外出や人の来訪時にはカツラを使うとのことでした。認知症のほかには持病もなく、小柄ながら足腰は達者で元気な様子でした。

初期・ギターの先生として来ていただく

コウイチさんは自分のギタリストとしてのキャリアに自負のある人でした。こういうプライドの高い人は、デイサービスにはなかなか行きたがらないものです。ですが、妻の負担を考えると利用していただきたいところです。

どうやってお誘いするか、導入が肝心。というのも、コウイチさんは認知症の初期なので、誘うのに失敗して「行くもんか」となってしまうと、そのことを忘れるまでしばらく時間をおかなければならないからです。

コウイチさんの人生のキーワードは「ギター」。そこで、これを使って引き算することにしました。音楽療法の先生になっていただくのです。

「うち（デイサービス）には、交通事故で頭をケガしたり、脳梗塞で頭を手術したりしてリハ

ビリをしている人がいます。音楽療法がよく効くと聞いたので、ぜひお願いしたいんです」

と話し、名札も靴箱も利用者用ではなく、すべて職員用のものをコウイチさんのために設けました。もちろん座る場所も特別に「先生の席」として用意します。職員も「先生、先生」と呼ぶので、コウイチさんは自分が先生であると信じて疑いません（こちらは合わせるのに必死でしたが）。

コウイチさんはデイサービスに来ても、午前中はひとりでギターを練習します。ほかの利用者も同じフロアにいますが、彼は「先生」なのでみんなの中には入りません。午後になると音楽療法が始まります。このときも、お年寄りが好む演歌のような曲は弾きません。おもにクラシックでした。

「先生、みんなは民謡とか演歌とか、美空ひばりとかを聞きたがっているので、どうかお願いします」と言うと、たまには弾いてくれますが、途中からアレンジを加えるので何の曲だか私たちにはわからなくなってしまいます。「先生、もっとみんなにわかる曲にしてください」という声が出て、むっとした顔をすることもありました。

この調子で週2~3回、「音楽療法の先生」という名目で、デイサービスに通っていただきました。この頃の要介護度は1でした。

中期・「給料」を支給する

デイサービスに通い始めて1年ほどたったあたりで、コウイチさんは「給料をもらってない」と言い出しました。

まさかお金の話が出るとは思ってもいませんでした。職員や私は、必要ならデイサービスに来ていただくためにいろいろな引き算を使いますが、そのときはいつも「ボランティアで」と言うことにしています。さらに、

「まったくのボランティアでは申し訳ないので、送り迎えとお昼ご飯はつけさせてください」

と言い添えて、デイサービス内で提供しているほかのサービスにつないでいくわけです。

ところがコウイチさんは認知症ですから、ボランティアであることを忘れてしまったのです。あるとき、デイサービスから帰った後「あそこは給料をよこさない！」と、妻にあたりちらしたそうです。

そこでコウイチさんに、給料を出すことに決めました。もちろんこれも「引き算」です。まず、氏名と受取証明の捺印欄のある、コウイチさん専用の〝給料袋〟をつくりました。

ですが、中に入れるのが新聞紙では、コウイチさんが怒り出すかもしれません。そこでコウイチさんの妻に事情を説明して、毎月1万5000円を貸していただき、それを封筒に入れてコウイチさんに渡すことにしました。こうして、

①職員が妻からあらかじめお金を借り受ける
②そのお金を給料袋に入れてコウイチさんに渡す
③コウイチさんが給料袋を自宅に持ち帰り、妻に渡す
④妻がお金を取り出し、捺印してコウイチさんに袋を返す
⑤コウイチさんがデイサービスに袋を返却する
⑥職員が妻からお金を借り受ける（以下、初めに戻ってくり返す）

という流れができました。そのうちコウイチさんが、「給料が少ない」とこぼし始めたので、再び妻と申し合わせて金額を2万円にし、引き算を継続しました。

この状態が1年半ほど続いたのですが、そのうち本人は、額が多いとも少ないとも、もらったとももらわなかったとも言わなくなりました。

あるときぽつんと、「まずい、どうしよう。3ヵ月分、受取のハンコを押してない」と言い出したこともありましたが、最後は給料については触れなくなりました。認知症の進行によってこのような変化が起こるのです。

中期から後期へ・カツラがずれても気づかなくなる

コウイチさんは、デイサービスに通い始めの頃は入浴しませんでした。お風呂に入るとなると、カツラをとらなくてはいけないという大問題があったからです。ところがある時期からコウイチさんは、カツラがずれても気がつかなくなっていました。

ある日、コウイチさんがレクリエーションに参加したときのことです。あまりに盛りあがったためか、体の動きにつれてカツラが反対向きにずれてしまったのです。それを見た職員はコウイチさんが不穏（認知症の人が穏やかでなくなること・気持ちが荒れること）になるのではないかとあわてましたが、本人は平然としていたのです。こういったことからも、認知症が進んできているとわかりました。

この頃、自宅でもいよいよお風呂に入らなくなったという話が出たので、私は思い切って、デイサービスでコウイチさんを入浴に誘ってみました。「案ずるより産むが易し」で、「帽子をとります」と言いながらカツラをはずすと、すんなりと入浴していただけました。ときどき、はっと気がついてカツラをかぶったりするのですが、そのうちお風呂から上がった後、カツラをつけなくても気にしなくなりました。認知症の中期の後半くらいと推測できました。

コウイチさんはこの頃、「何かおかしい」という不安感も忘れてしまったのか、自宅では昼夜を問わずひとりで出歩くようになりました。自力では帰宅できなくなっていたため、妻は目が離せません。出ていこうとする気配を感じると、必ず隠れて後ろからついていったそうです。つき添っているのが本人にわかると、「子ども扱いするな！」と怒るからです。

排泄の失敗も目につくようになりました。少し失禁したりこぼしたり、という程度のこともありましたが、あるとき、トイレに入ってなかなか出てこないことがあったので、職員がそっと様子をうかがうと、自分のカップに排尿していたといいます。ものを正しく使えなくなる症状（「失認」と言います）が始まったということです。

それでも食欲はあって、介助なしでもひとりで食べられますが、人のものを取って食べることが増えました。これは認知症の人にはよく見られる行動ですが、本人にとっては目の前のものも横のものも、視界に入ったものは全部〝自分のもの〟になってしまうようです。

後期から最期へ・デイサービスの限界

コウイチさんが怒りっぽくなったことはすでに書きましたが、認知症の進行につれてだんだん、感情の起伏が激しくなっていきました。適切な行動がとれることも、徐々に少なくなっていきます。自宅では、2階にいるのに「もう帰るから」と窓を開けて外に出ようとしたり、妄想が頻繁に起こっているようでした。

ある日デイサービスで、こんな事件が起こりました。若年性認知症の女性が、コウイチさんのギター演奏を聞いて「へたくそ！」と罵倒《ばとう》したのです。そのときは職員が割って入ったのでよかったのですが、コウイチさんの中ではその出来事が尾を引いていたのか、帰りの送迎車を降りたとたん、交番に駆け込んで「変な女が来て自分を殴った」とか「蹴られた」などと延々と訴えたそうです。この時期から、衰えが目立つようになっていきました。自宅の2階の窓から排尿したり、階段に排便したりといった行動まで出始め、妻は後始末に追われたと聞きます。デイサービスでもちょっとしたことで激昂するようになり、テーブルをガタガタと揺すったり、椅子を振り回したこともありました。大立ち回りが始まると、引き算どころか言葉自体、耳に入らないようです。職員が止めるのすら難しい状態でした。

コウイチさんが怒ってどうにもおさまりがつかないとき、妻に来てもらったこともありました。妻の顔を見れば我に返るのではないかと考えてのことでしたが、妻であることがわかるときとわからないときがあり、その効果は半々でした。

デイサービスには、コウイチさん以外のお年寄りもいます。暴れたはずみでコウイチさんがケガをするのも心配ですが、ほかの利用者に害がおよぶのは何としても避けねばなりません。さんざん悩んだ末、私は妻に、デイサービスで対応できるレベルではなくなってきたこと、そしてそれは自宅でどうにかなる状態でもないということ、さらに、デイの利用を少しずつ減らして、施設入居か入院を検討したほうがいい、と伝えました。

妻は、いつまでも自分の手で看たかったようです。夫の言動への対応に追われ、疲れを感じながらも「ここを乗り切ればまたデイに行ってくれる」との思いで在宅生活をがんばってきたのです。主治医も交えて相談した結果、彼女は泣く泣く〝手放す〟と決めました。その後、療養型病院への入院などを経て、残念なことに、最終的には専門病院へ入ることになりました。

妻は当初、自分で看ないぶんのエネルギーと時間を面会にあてて、頻繁に病院に通ったといいます。コウイチさんは少しやせましたが、前のような穏やかな様子が戻ったそうで、寝ているところに声をかけると「ああ、来たのか」とうれしそうな表情で応えたと聞きました。そのうち妻が面会に行っても、「知っている人だけど誰かわからない」という様子になり、言葉もだんだん出なくなっていったそうです。

どのタイプの認知症でも、他の疾患がなければ徐々に寝たきりになっていきます。目の前の嵐はいつか過ぎ去っていくのです。

妻はコウイチさんを看取った後、くせとして残ったことがあると言います。ひとつは「しょうがない」という口ぐせです。認知症のコウイチさんのような〝理屈を言ってもわからない人〟に何を言っても仕方がないということですが、その心境に達するまでには、かなり時間がかかったようです。

もうひとつ残ったくせは、大きな声を出して笑うことです。乱暴な行動（これも認知症の症状です）が出がちだったコウイチさんですが、妻の笑い声があるところでは安心しきっていたといいます。笑顔だけでは、場所によってはコウイチさんには伝わらないため、声を出して笑うようにしていたとのことでした。

コウイチさんを見送った妻は、最後に「十分看たので悔いはない」と言いました。介護者の「悔いはない」のひと言はとても貴重であり、伴走させていただいた私にとっても、何よりうれしい言葉でした。

そのときどきの変化にも対応を

このコウイチさんのような、月単位・年単位の変化だけではありません。認知症の人の言動は日によって・あるいは時間によって変化していくこともあります。引き算は同じ手が何度でも使えると前の章で書きましたが、私たちは、このような本人の細かな変化にも、うまく対応しなければなりません。

元美容師のタツさん（女性・80歳）の事例をご紹介します。息子さんとふたりで暮らしていましたが、息子さんは昼間働きに出ねばならないため、その時間帯だけひとりになる「日中独居」のケースです。

タツさんは一時、美容室を経営していたこともあったそうですが、失敗して人手に渡ってしまったそうです。あちこち店を変えながら働いていた期間が長かったようで、苦労されたのか

「他人《ひと》の世話にはならない」「自分がしっかりしなければ」という意識の強い人でした。

とはいえ認知症ですから、ひとりにしておくのは心配です。息子さんが説得して何とかホームヘルパーの利用にこぎつけたのですが、朝に彼が「今日はヘルパーさんが来るから」と説明しても午後には忘れてしまいます。タツさんは本心では断固、介護拒否ですから、訪問したヘルパーは自宅に上げてもらえず困っていました。

そこで、まずはヘルパーが、窓越しにタツさんとしばらく雑談した後、頃合いを見て、

「トイレを貸してください」

とお願いすると、「いいよ」と家に入れてもらえたのです。こうなればしめたもので、ヘルパーはひととおり仕事をしてから、

「お礼に掃除をしておきました」

と言って辞去していました。

この方法がいつでも使えればよかったのですが、そうはいきません。「トイレを貸して」と言うと、タツさんが「外ですれば」と言うこともあったからです。これには困りましたが、ヘルパーも知恵を絞ります。息子さんの名前を出して、

「○○くんの友だちです。お母さんの様子を見てきてって言われて来ました」

と言って入れてもらえたこともありました。

また、折よくタツさんの家で配食サービス（高齢者向けに自宅までお弁当を届けてくれるサービス）の利用が始まったので、それを利用することもできました。あらかじめ業者と申し合わせ、玄関先でヘルパーがお弁当を受け取り、

「お弁当が届いていますよ」

と呼びかけるのです。それで玄関を開けてもらえれば一件落着ですが、もし「そこに置いといて」と本人が言うようであれば、

「冷蔵庫に入れないと腐っちゃうんで……」

と口実をつけて家に入れてもらうのです。それを続けるうちに、窓から顔を出しただけで「入れば」と言ってもらえるようになりました。事前に家族や業者とよく相談せねばなりませんが、こういう方法もあることは、知っておいて損はないでしょう。

覚えていること・覚えることもある

タツさんの事例を最後まで読んで、少し驚かれたかもしれません。いろいろな対応を試した末に、ヘルパーが顔を出しただけで入れてもらえるようになった、というエピソードは、まるで認知症の人が、ちゃんと新しいものごとを記憶した結果のようにも見えます。

前章で少し触れましたが、認知症であっても、体に刻み込まれていることは意外と忘れないようです。

たとえば昔からラジオ体操を続けてきた男性が認知症になった例を私は知っていますが、この人は3分前のことですら忘れてしまうのに、ラジオ体操のときだけはしっかり者になります。中学生の孫が一緒にラジオ体操をやったところ、腕の曲げ具合、腰の落とし方などを厳しく指導されたとか。

私には科学的なことはわかりませんし、必ずそうなると期待もできませんが、対応をくり返しているとそれも体に刻み込まれていくのかもしれません。

小料理屋をやっていた87歳のある女性（ひとり暮らし）の場合、大変な人嫌いで断固、ホームヘルパーを拒否していましたが、若い女性のヘルパーに、

「結婚するので料理を教えてください」

と引き算で申し込んでもらうと、家に上げてくれました。週に2回訪問し、一緒に料理をつくり味見をするだけでなく、それ以来よく話し、よく笑い、一緒に出かけるようにすらなったそうです。若いヘルパーが「友人」として認知症の女性の中に刻み込まれたのでしょうか。「チリも積もれば山となる」と言いますが、それがまだ通用するのかと、考えさせられた例でした。

引き算が困難なタイプには

認知症という病気の難しさは、原因疾患によってその症状が異なるところにあります。詳しい説明は本書末尾の補遺を参考にしていただきたいのですが、ここでは「レビー小体型認知症」や「ピック病」のような、物忘れが軽くて、忘れることを逆手にとれないタイプをとりあげます。

引き算は、①忘れることを利用して、②認知症の人の要望どおりにする方法でした。物忘れが軽い場合は、この②のほうが大切になってきます。つまり、要望のすべてを受け止めて「あなたのしたいようにしてあげる」という思いで対応するのが原則となります。レビー小体型認知症の人のケースをご紹介しましょう。

レビー小体型認知症には、幻視（実際にはないものが見える）という非常に特徴的な症状があります。この病気の人は、見えない物や人と会話したり、「嫁が私を殺そうとする」と言うなど、現実離れした世界に入り込んでしまうことがあるため、介護者は振り回されます。

たとえば私は、レビー小体型認知症の人から「あなたに1億円預けた」と言われたことがあります。そのときは、

「あれは寄付にまわさせていただきました。大金をすみません」

と言った後、

「大切に使わせていただきます」

と静かな口調でお伝えしたのです。するとその人も、何も言いようがなかったのか穏やかにうなずいて終わりました。介護職員が大金を預かるなどあり得ない話ですが、それを否定せず、〝あったこと〟として受け止めたのが功を奏したケースでした。

前頭側頭型と呼ばれる認知症に分類される「ピック病」も、物忘れが比較的軽い認知症です。この病気は、たとえて言うなら、同じ言動をくり返したり反社会的言動をとったりと、ものごとにことごとく反発したがる〝天邪鬼病《あまのじゃくびょう》〟です。

元ＰＴＡ会長が万引きで警察のお世話になったとか、元医師が放火未遂で逮捕されたという話を聞いたことがありますが、そのとき私はピック病を疑いました。もしそうであれば、これは病気による反社会的行動であって、本人には動機もなければ悪気もありません。それがこの病気の難しいところですが、ピック病の人の場合は、たとえば次の事例のように〝天邪鬼〟を逆手にとるのがお勧めです。

タイチさん（73歳）は、デイの送迎車には乗ってくれますが、最初に乗り込んで座席の真ん中に陣取って動かないため、ほかの人が乗れません。「奥に詰めてください」と職員がお願いしても、無言でニタニタ笑うだけです。そこでこう言ってみました。

「タイチさん、そこから動かないで」

すると、ニタニタしながら奥に詰めるのです。

デイサービスの昼食。「さあ、ご飯ですよ」とみなさんに呼びかけて、テーブルについてもらいます。タイチさんはニタニタ笑いを浮かべて立ったまま、一向に座ろうとしません。職員は心得たもので、

「タイチさんのも用意しましたけど、食べませんよね」

と声をかけたところ、さっと椅子に座ってくれました。

散歩の時間。タイチさんは道の真ん中を堂々と歩くので、危なくて仕方ありません。脇につこうにもタイチさんは歩幅が大きいので、女性職員では追いつけません。「右端を歩いてください！」と後ろから声をかけても、聞こえない様子です。ところがしばらくすると、左のほうへ寄っていきます。ここで気づいた職員があわてて、

「タイチさん、左を歩いてください」

と言い直したところ、ちゃんと右端に寄って歩いてくれました。いずれも病気の特性を逆手にとって引き算をした例です。〝逆の逆〟へと導くことで、望ましい行動となるようにしむけるのです。

認知症の最初期の人への対応は

ピック病以外にももうひとつ、認知症のごく初期の人にも気をつけましょう。俗に言う「まだらぼけ」の状態の人には引き算は使いにくいものです。

家族によっては、失敗したお年寄りに向かって「また忘れたの？」「ぼけたんじゃない？」などと言う人もいますが、これは禁句です。そうでなくても「何か変」な自分に不安を抱いているのですから、追いつめてはいけません。

むしろ基本は静かに見守りつつ、もし声をかけるなら、傷つかないように、否定しないように注意しながら、「こちらのほうがいいのでは？」と別の選択肢を示してはどうでしょう。あるいは、本人の気持ちの状態に応じて、フォローする程度にとどめたほうがいいと思います。

もうひとつ、認知症の最初期に特有の問題として、本人に認知症である（あるいはその疑いがある）ということを伝えるか否かという、「告知」の問題があります。言わなければ前へ進めない、だが伝えることで相手を傷つけるのはためらわれる――介護者はこのようなジレンマに陥りがちです。

結論から言うと、むやみに告知しないほうがいい、というのが私の考えです。

告知が問題になる病気というと、がんを思い浮かべる人は多いと思います。最近は、診断がついたところで本人にしっかり告知されることが多くなったと聞きます。がんは、治る可能性が十分ありますし、「完治」という目標を患者本人とうまく共有できれば、治療がしやすくなります。もちろん、ケース・バイ・ケースだとは思いますが、告知するだけのメリットが期待できるわけです。

認知症はどうでしょうか。もしかしたら本人に告知しても、もはや「認知症」という言葉が理解できない状態かもしれません。あるいは一時的にわかったとしても、忘れてしまうかもしれません。

それならまだいいのですが、告知はお年寄りの不安を煽《あお》るだけに終わる可能性があります。そもそも、自分の異常にまっさきに気づくのは、ほかならぬお年寄り自身です。私はこんな相談を受けたことがあります。

「妹にどう接したらいいかわからない」と言う女性でした。相談者は姉76歳、その妹は72歳。ともに未婚で、ふたりで暮らしています。相談の半年ほど前から、妹は、約束を忘れたり、行きつけの美容院にたどり着けなくなったり、話のつじつまが合わないことがあると言います。

つい先日は、冷蔵庫に家のカギが入っていました。本人が「カギがない」と捜していたのですが、冷蔵庫に入っていたとは言えず、何もなかったかのように「そこに落ちていたよ」と差し出したと、姉は言います。

妹がイライラすることが増えてきたので、専門医の受診を勧めたいと姉は考えていました。ところがある日、すでに受診していたことがわかります。テーブルの上に放り出した妹のバッグから、精神科の診察カードがはみ出していました。それは、認知症の専門クリニックのものでした。妹がどんな思いで受診し、今、何を考えているのかと思うとつらいが、今後、妹にどのように接していけばいいのだろうか、というのが相談の内容でした。

認知症といっても、いきなり何もかも忘れてしまうわけではありませんし、先に書いたとおり、原因疾患によっては物忘れが比較的軽い認知症もあります。「何か変だ」と不安を感じている人にとって、やたらと告知するのは危険をともないかねません。病名を伝えるかどうかよりも、その人の不安感・恐怖感に寄り添って見守ることを、第一に考えたほうがいいのではないでしょうか。

ただ、もしすでに医師によって告知されているとか、誰かが伝えてしまったというのなら、「怖がらなくていい」「物忘れをする病気ですが、今はいい薬があるので、きちんと飲みましょう」などと伝えましょう。困っているなら、手助けや生活上のアドバイスも必要です。

本人の意向もあるので告知を全否定はできませんが、いずれにしても、病名だけをドライに伝えるのは考えものだと思います。

ピンチは「謝罪」と「笑い」で切り抜ける

「ウソも方便で切り抜けよう」と書くと、「大丈夫かな、ウソがばれないかな？」と心配される人も多いと思います。実際、介護現場、とくに認知症介護の現場はピンチだらけです。

正直に告白すれば、実は私も一度だけ、引き算を見破られたことがあります。お年寄りに「ウソついちゃだめだよ」と言われたときは、さすがにドキッとしたものです。では、そういう場合はどうしたらいいでしょう。答えは簡単、

「ごめん！　私が勘違いしちゃった！」

と、まずそのウソを自分の間違いだったことにしてください。謝ればたいていの人は「いいよ、いいよ」と微笑んでくれるものです。そしてウソのことも忘れてしまいます。

もうひとつ、ピンチを切り抜ける助けとなるのが、「お笑い」や「冗談」です。お年寄りは「笑点」や綾小路きみまろのような笑いが好きですし、いわゆる「どつき漫才」のように体を使って笑わせる芸や、キツい皮肉・冗談を好みます。もちろん〝芸人〟になる必要などありませんが、介護者もその種のユーモアをぜひ味方につけてください。きっとピンチを救ってくれます。

たとえばある日、デイサービスで私は、利用者同士がいがみ合っているところに出くわしま

した。「これはまずい」と感じたので、ふたりの間にヌッと顔を突き出し、

「今日の私、キレイでしょ」

と言ってみました。続けて、

「3時間もかけて厚塗りしてきたのに、汗で落ちたわ。もったいない」

と言うと、そのふたりを含めた周囲の人たちがドッと笑ってくれました。

ダジャレや、ちょっとしたジョークも取り入れてください。私は険しい顔の人を見つけたときは、わざとらしく、

「元・美人が通りま～す」

と言って前を横切ります。すると「今もきれいだよ！」と言ってくれる人もいて、みんなの表情がほころびます。

在宅介護でも笑いが救いになります。

元公務員のタカコさん（72歳）は嫁の悪口を言うことが多く、家族も周囲も扱いに困っていました。パートに出るだけなのに、「嫁が男に会いに行っている」と、あちこちで言いふらします。何も知らない近所の人はその話を真に受けて、「あんなおとなしそうな人が……」と噂し合うようになりました。

ついにはケアマネジャーにも「嫁がね……」と言い出す始末です。物忘れは軽いのですが、

何か妄想めいたところがあったので専門医に診てもらったところ、「ピック病」の診断がつきました。

お嫁さんは、タカコさんの根も葉もない悪口を腹に据えかねていました。タカコさんには、かつて夫がほかの女性と駆け落ちして、不本意ながら離婚した経験があります。最初はもしやそのせいで「浮気をしている」と触れまわるのかと思っていたそうですが、病名を聞いて「かわいそうな病気」と思えるようになったと言います。

そしてある日、パートに出かけるとき、

「浮気に行ってきます」

と明るく言ってみたそうです。嫁があまりにも堂々と言ったので、タカコさんも思わず笑い出したとか。このおかげで何か吹っ切れたと、お嫁さんは言っていました。

第4章

介護者が困る行動別
「引き算」を使った言葉かけガイド

この章では、「引き算」がうまくいった事例を、介護者が困る行動別にご紹介します。引き算は役に立つ介護技術ですが、お年寄りにかけるべき言葉は、その人の生きざま・そのときの認知症の状態・そのときどきの状況など、さまざまな要因により変わってきます。同じ人に同じ言葉をかけても、必ず納得が得られるとは限りません。昨日と今日では体調も気の持ちようも違うからです。

ただひとつ、いつでも変わらず注意しなければならないのは、引き算するときは堂々とすることです。初めての人や認知症の人の家族は、どうしてもおずおずとしてしまいますが、それでは相手に伝わりません。

先に書いたとおり、引き算は認知症の人と同じ世界に立つための手段であり、「寄り添う言葉」なのです。慣れるのには時間がかかるかもしれません。ですが、認知症の本人を「楽にさせる方法」だと割り切ってやってみてください。

ここで、第2章で紹介した十ヵ条を改めてまとめておきます。お年寄りはさまざまですが、どのケースでもこの十ヵ条が活かされているのがおわかりいただけると思います。ぜひ意識しつつ読んでみてください。

①積んだ知識がこぼれてる。「足し算」やめて「引き算」で

②説得は「ザルに水」の空しい作業

③「生きざま」が教えてくれる介護の手ほどき

④「揺るがぬ言い分」には、負けて勝つ

⑤話は短く「点」でひと言、長い話は点々バラバラ

⑥「北風と太陽」、無理強いはケガのもと

⑦正直者はバカを見る。安定剤は「ウソも方便」

⑧「知恵比べ」、わからず屋には知恵で応戦

⑨「ありがとう」と元気の種を蒔きましょう

⑩「忘れることを利用」、それが優しい関係です

「ものがなくなった／盗まれた!」と言う

クニコさん（77歳）

ないものを「ある」ことにする

本日のデイサービスでの予定もすべて終わり
またね！
どうもね
気をつけて
帰る時間になりました
ない！ない！私のコートがないわ！
クニコさんどうしたの？
私のコートがないのよ！
あらまー
コートがないと帰れない！
そうね困ったわね
ちょっと待って！
え
クニコさん今日はコートを着てなかったでしょう？
お嫁さんが「コートはいらない」と言ってましたよ

そんなはず ないわ！
今日は ちゃんとコートを 着てきたわよ!!
もっとよく 捜して！
いえ ですからね…
あっ
ちょっと あなた！
？
これ！ 私のコートよ！ 返して！ 脱いで！
イヤー
何するの！ これ私のよ！
ちょっと 待って

返しなさいよ
イヤー
だからクニコさんはコート着て来なかったんだってば!
クニコさんごめんなさい!
クニコさんのコートね割引セール中だったから**クリーニングに出しちゃったの!**
えっ?
クリーニングに?
そうなんです明日にはきれいになって戻ってくるわ

余計なこと
しちゃって
ごめんなさいね
あら
そうだったの
ありがとうね
さあさ
それじゃ
帰りましょう
そうね
助かりました
さすが!
引き算の
効果よ
一件落着
です

POINT

家族や職員が「コートはない」と指摘しても、認知症の人はかえって怒るばかりです。ないはずのものをいったん「ある」ことにして相手に合わせ、それがなぜここにないのか、上手に理由をつけましょう。怒りを煽らないために、「ごめんなさい」と、介護者みずからへりくだってみせることも大切です。

その他の事例

「クリーニング」を利用する

クニコさんの例と同じ方法で解決した事例をご紹介しましょう。

施設に入居しているシュンイチさん（90歳）の話です。「勲章をいただけることになった。天皇陛下に会いに行くのでタキシードを出せ！」と興奮しています。職員が「呼ばれるわけないわよ」と言っても「呼ばれている！」の一点張り。職員もムキになって、受章者一覧の載った新聞を突き出して「シュンイチさんの名前、ここにないでしょ！」と指摘すると、本人を納得させるどころか激怒させてしまいました。

それを見ていた別の職員がすかさず、「ごめんなさい。余計なことしちゃった。クリーニングに出しちゃったんです。でも、当日までには間に合いますから」と頭を下げると、「ああ、間に合うのか。それならよかった」ということで収まりました。

「盗難届」を作成する

キヌコさんは86歳、医師の奥さんです。父親も弟も医師だったせいか、自分が医師だったわけでもないのに気位が高い人です。ホームヘルプを利用していますが、あるとき、「あの指輪がないのよ。あのヘルパーが盗った」と大騒ぎになりました。

家族に確認しても、「そんな指輪はありませんが……」とのことでした。つまりキヌコさんが指輪を盗られた「つもり」になっているだけなのです。

そこで、「警察に盗難届を出しましょう」と提案してみました。パソコンで盗難届なるものを作成して、署名、捺印は本人にしてもらうのです。

そして「この盗難届、近くの交番に届けておきますね」と言うと、それで納得したのか、以後「盗られた」と訴えることはなくなりました。

解　説

いわゆる「物盗られ妄想」と呼ばれる言動や、それに似た事例を集めました。なくなる物は財布、宝石、通帳、スリッパ、湯飲みなど多岐にわたります。引き算を使うほかに、「あら、どうしたんでしょうね」と気をそらしたり、一緒に捜すふりをしたりして、その都度忘れるまでノラリクラリとかわす方法もあります。

もちろん、本当に物がなくなっている場合は別ですが、認知症の人にとっては〝ない〟あるいは〝盗られた〟ことが事実となっているわけですから、「言い分は絶対」と心得て、否定しないようにするのが対応の基本となります。

ただし、「ヘルパーが盗んだ！」などとほかの人に対して攻撃的になるようであれば、ヘルパーを交代したほうが無難です。

では、逃げようのない身内だったらどうでしょう。「壊れたと言って、去年捨てたよね」とか、近くの施設や学校の名前を出して「バザーに出したじゃない」、またはは「寄付したよね」と言ってみましょう。本人が信頼している人の名前を出して、「○○さんにあげたじゃない」、衣類なら「クリーニングに出した」も使えます。あくまでも本人が自発的に動いたという言い方をするのがポイントです。

どこかへ「帰りたい／行かなきゃ」と言う

ミサコさん（79歳）

「仕事」と雑談で気を惹く

午後からはゲームをしまーす
みなさん参加してくださいねー！
ゲームするとよく眠れるのよね
本当？よかった
あ
ミサコさん！
どこ行くの？
それじゃあ私はこれで
お先に

ミサコさん もう少し ゆっくり していって ください
お客が 待ってるから
お客? 何の こと?
放して
ミサコさん! 肩が凝って つらいんです
ちょっと もんで ほしいな~
ミサコさん 昔 按摩師 だったのよ
コソッ
しょうがないな ハイッ そこに座って! 薪割りでもした?
あんま?
マッサージの ことね
これでしばらくの間 落ち着いてデイに いていただけること がわかりました
じゃあ ホールに 行きましょ
ラクになったわ~

そんなある日
あ！また…
ミサコさんどこ行くの？
お客が待ってるから帰る
待って！お願いちょっと肩もんでください
世話のやけるこったね
よしよし引き算成功！
はい終わり
パ
凝ってないね
こっちは忙しいんだ
待って待って
冷やかしはお断りだよ
わわわ
まずい！どうしよう

POINT

お年寄りのもとの仕事をうまく利用したケースです。引き算がうまくいかないときは、演出（この場合は雑談）を追加するなど、試行錯誤することも必要です。そして最後に「ありがとう」と感謝の言葉を添えることで、お年寄りと介護者の関係はぐっとよくなります。

その他の事例

その人の理由に合わせる

認知症の人の「帰らなければならない理由」はくるくる変わります。

ある男性は、デイサービスに来た途端「さあ、帰らなきゃ。客が来る」と言います。「まあまあ」となだめて、ようやく引き留めたと思ったら、また「帰る」。そして今度は「今日は病院へ行く日だから」と言うのです。さっきと理由が全然違っています。

こんなふうに変わるのは、前に言ったことを忘れてしまうからです。面倒がらずに、その理由にうまく合うような引き算を考えましょう。たとえば「客が来るから帰りたい」と言うときは、「今、電話があって、お客様は遅れるそうです」とか「車でお送りしますので、こちらへまわす間、お茶でもどうぞ」と本当にお茶を出し、世間話でもしましょう。しばらくすると忘れてしまうものです。

貼り紙で対応

介護者は多忙です。常にお年寄りにつき添うわけにはいきません。たとえば在宅介護の場合、買い物や食事の支度など、家族の目がどうしても離れる場面があるのは避けられません。

そこで使えるのが貼り紙です。私のデイサービスでは、必要なときは入り口の戸に「故障」と大きく書いて貼り出します。このような貼り紙があると、故障しているために開かないと思うのです。

あるとき、貼り紙があるのに職員が戸を閉め忘れたことがありました。認知症のお年寄りがその前で「困ったなあ。故障なのに開いているよ。困ったなあ」とぼやいていたことがあります。

貼り紙については第2章でも触れましたが、とにかく短い言葉にすること、外来語は使わないことがポイントです。

解説

認知症の人が外に出てそのまま帰ってこなくなったという事態は何としても避けたいものですが、とりわけ家庭では、四六時中ついているわけにもいきません。万一の場合に備えて、氏名や連絡先などを書いたカードをお年寄りに携帯してもらいたいところです。

しかし、「バカにするな!」と拒否する人もいます。こういうときは、いかにも身分証といった感じのカードを用意して、「最近は高齢者の事故が多くなったから、70歳以上の人はこのカードを持つように警察から言われてるのよ」と伝えてみましょう。

あるいは単純に名札を作成して縫い付ける方法もあります。荷物で隠れたり、引きちぎられたりしないように、背中側の襟元につけ、他人に見えやすくするといいと思います。洋服すべてに縫い付けるのは手間がかかりますが、アイロンで接着する素材や、ワンタッチテープなどを使って試してみてください。

もしお年寄りがいなくなったときは、全員で捜しまわるのではなく、誰かが家に残るようにしましょう。本人がふいと帰ってくるかもしれませんし、保護してくれた人や警察から電話で連絡があるかもしれません。

必要な介助を拒否する

おしゃれをダシに入浴

ケイコさん（75歳）

お義母さーん
お風呂沸きましたよ！
入ってください
うん？
今日は風邪気味だからいいわ
えー今日も？
昨日も
サカムケがしみるから
その前も
頭痛いのよ
その前も
昨日入ったからいいわ
おばあちゃんだいぶお風呂入ってないよね臭うもん
服もずっと同じだし
なんだかんだ言って入らないのよ
引退してからすっかり身の回りのことかまわなくなって…

現役のときはあんなじゃなかったのにね
パーッとやるわよー
よっ女社長!
社交的でおしゃれで…
はい2ケース追加ね
家にこもりきりなのがいけないのかなあ
あら若奥さん
どーも!こんにちは
大奥さん元気?
それが…
実は…
えーっ?
ふるまい酒だよー飲んでってー
あの酒問屋の名物女社長が?
うちのデイならお風呂に入れますよ
でも家から出たがらなくて
せめてお風呂くらい入って欲しい
うーん…
そうだ!

翌日
お義母さん 急で悪いんだけど 今日 問屋組合の会合に 出られないかしら?
え?
私も社長も 都合がつかなくて
お願い! 顔出すだけで いいの!
…!
ああ いいよ
お迎えに 参りました
来たわ
さあさ どうぞ!
お待ちして ました
こちらに どうぞ
ケイコさん
明日はお祭りが あるんです
祭り?
それでぜひ ケイコさんに 接待係をやって 欲しいんです
接待係?
服はちょっと はなやかに こんなふうでは どうですか?
スカーフとか リボンとか
ナイスレディ

POINT

デイサービスを「問屋組合の会合」と伝えたのがすでに引き算ですが、そのあと本人がお風呂に自発的に入りたくなるような方向へ誘導し、納得を引き出したところに、この事例のポイントがあります。

その他の事例

「試供品」「調査」名目で

エイコさん（75歳）は元看護師です。最近、トイレの失敗が多くなってきました。部屋に尿臭が漂うので、押し入れを調べたら汚れた下着が出てきました。家族が、部屋が臭いこと、下着を見つけたことを伝えてリハビリパンツを穿《は》くよう求めたところ、「あんたが穿けば！」と激怒しました。本人は失禁などしていないつもりで、下着を隠した記憶もないのに「おもらしした」と言われ、プライドが傷ついたのです。

デイサービスの職員は、薄手のリハビリパンツを見せて「保健所から新製品の調査依頼があったので、使ってもらえますか？看護師さんにお願いするのがいちばんいいと思うので」と勧めてみました。そうすると、「あら、アンケート調査ね」とすんなりと受け入れてくれたのです。自分が選ばれてプライドをくすぐられたようです。

メリットがあることを伝える

トシオさん（70歳）は糖尿病で、毎日服薬するよう医師から指示を受けています。本人はイヤがっていましたが、しぶしぶ飲んでいる状態でした。ところが認知症になってから「薬嫌い」の本性が出始め、どうしても薬を飲んでくれません。

困った家族はトシオさんが部分入れ歯を使っていることに目をつけて、「これは歯が丈夫になる薬なのよ」と言ってみたところ、飲んでもらうことができました。

別のお年寄りのケースでは、家族が錠剤をきれいな色のマーブルチョコと交ぜて、「みんなに内緒で食べない？」とこっそり渡したところ、口にしてもらえました。

ほかにも、ビタミン剤や栄養剤だと伝えて引き算する方法がありますが、「内緒」という言葉は効果的です。「自分だけ」とか「選ばれた」という感覚になるのでしょう。

解説

認知症になると入浴をイヤがるケースが多いのですが、ここで紹介した以外にもいろいろな方法があります。たとえば、①「背中に薬を塗るので服を脱いで」と言って浴場へ向かい、「こちらでパンツも」と言って入浴へ導く、②「体重測定です。厳密に測らないといけないので、パンツも脱いでください」と伝える、などです。多少不審がられるかもしれませんが、浴槽の前まで誘導できれば、あとはお年寄りのほうから自然に入ってくれることが多いものです。テンポよく自信を持って声をかけましょう。入浴拒否がある場合は、風呂場に「風呂」「浴室」「ゆ」「♨」などの表示はやめましょう。こうした単語や記号は体が憶えているため、お風呂だとわかってしまいます。

食事を摂《と》ろうとしない人の場合は、引き算以前にそもそも量が多すぎたり、視覚や味覚などが落ちていて食欲がわかないのかもしれません。たとえばご飯をウズラの卵大のおにぎりにしたり、さらにそれを串に刺す、弁当風にするなど、少量に見せたり目先を変えると手を伸ばしてくれることがあります。大皿に盛り合わせて豪華に見せたり、ふりかけやタレでしっかりした味をつける、彩り豊かな食材を使う、といった工夫もできます。

自宅外のサービスを利用してくれない

タカヤマさん（80歳）

高級感で気を惹く

それでもあんなにカクシャクとしてるんですか
そう
背筋もピンと伸びてちょっと見ただけじゃ認知症とはわからないでしょ
ワ
ワ
でも数年前から物忘れが増えてきて
今日練習の日!? 聞いてないぞ!
火曜の次は月曜日だっ!!
カレンダー
外出するのをイヤがるようになっていました
先生ちょっとおかしいよ
あのうすみません…
あら! タカヤマさんの奥さん!
ちょっと相談が…
こんにちは~
S TA FF
どうぞこちらに
えっ入院!? 奥さんが?

はい 検査で 1週間程… その間主人が ひとりじゃ心配で
ショートステイが あいてないかしら
でも それを 言ったら…
泊まりの デイサービス？
そんなもの 行かんぞ！ オレは家にいる！
そんな…
——って
もう 困ってしまって
う～ん…
そうだ！ 建物が豪華な 介護施設が あるんです そこなら どうかしら…
あと「入院」と言うと 心配されますから ほかの理由で…
数日後——
おはようございまーす
デイサービ
お どうした？ 旅支度なんかして
ご準備いいですか～？
昨日 言ったでしょ
カズコの出産の 手伝いに 行きますから
はい これは お父さんの 荷物よ
わしの？

POINT

ショートステイを「高級ホテル」と言いかえて、自分から行きたくなるような演出をしたのが功を奏した例です。あらかじめ施設側にも根回しをしておきましょう。また「入院」と言うと認知症の人が不安になるので、「出産の手伝い」や「知人の法事」などという、不安を煽らない理由を考えておくのも大切です。

その他の事例

その人向きの役割をお願いする

元看護師のミツコさん（79歳）のケース。デイサービスで看護師が必要だが、雇えないのでボランティアで来てもらえないかとお願いしたところ、最初は拒否していました。

しかし、何度かお願いするうちに、「こんな歳でも役に立つなら……」とOKしてくれました。そこで「タダ働きでは申し訳ないので、せめて送迎の車とお昼ご飯をつけさせてください」と伝えました。これは送迎車に乗ってもらうための方便です。

このように、その人向きの役割を提供し、送迎や食事など、そのほかの要素もそこに関連づけてしまうのがいいと思います。

生きざまに添って役割をつくると、それが「ありがとうの種」となります。同時に「ボランティアさんは入浴無料です」などと、すべての介護サービスに結びつけてしまえば、一石二鳥です。

幻視に合わせる

シマさん（78歳）は、大のパチンコ好きです。おかしな言動が増えたので、家族が専門医を受診させたところ、レビー小体型認知症と診断されました。

私はシマさんを「パチンコ同好会」と称してデイサービスにお誘いしました。すると、「どこにも行けないの」と言います。「行かない」ではなく「行けない」というところにひっかかりました。「なぜです？」と聞くと、「家にお化けがいるから」と笑いながら言います。

もしや、と思って「お化けも一緒にどうぞ」と言うと「ホントにいいの？」と嬉しそう。その後、お化けと一緒にパチンコ同好会（デイサービス）を楽しんでいました。

レビー小体型認知症には、ありもしないものが見える「幻視」という症状があります。話を合わせて上手に対応しましょう。

解説

介護保険制度の中には、自宅の外で受けるサービスもありますが、不安を山盛り抱えている認知症の人は、なかなか外に出てくれません。外に出てもらうには、まず不安を取り除くことが必要です。そのためには、その人の趣味・仕事・こだわりなどの〝生きざま〟を把握し、引き算を使いましょう。

タカヤマさんの場合、妻の入院を切り抜けるため1週間の安全確保が必要となりましたが、入院と言うと、まず不安からくる混乱が目に見えていました。そこで〝目くらまし〟として〝高級ホテル〟に泊まることとしたのです。

デイサービスを利用していただく場合は、安心材料として最初だけ送迎車に家族も同乗していただくことがあります。到着後1~2時間付き添っていただくだけで十分です。大方の人はこれで安心してくださいます。

レビー小体型認知症は、見えないものが見え、いない人がいるように映る病気です。シマさんはお化けと同居しているわけですから、引き剝《は》がすわけにはいきません。デイに来てほしければ、お化けと一緒は当然と考えました。

本人と周囲の安全・健康を守る

シゲさん（80歳）

運転をやめさせる

そうなの とっくに息子が 跡継いでんのに まだ現役の つもりでね
03:00
おい！ 起きろ 仕入れに 行くぞ
また！
ほら！ カギと免許証！
もう！ 何度言ったら わかるの！
お父さんはもう 行かなくていいの！
遅れるだろうが 早くしろ！
仕入れには マモルが行ったから
マモルが？
そうよ お父さんは とっくに引退したでしょ！
もう毎朝こんな具合で イヤになっちゃう
はい 530円です
値札間違える くらいなら 可愛いものだけど 車を運転したがるのが 本当に困るのよね
そうねえ… 奥さん お宅にパソコン あります？

POINT

認知症の人が車を運転すると、事故を引き起こしかねません。どうにかしてやめさせたいところですが、それに貼り紙で成功した事例です。「警察」という〝権威〟をうまく活かすのがポイントで、そのためには「らしく見える」ものをつくることです。この場合は手書きでなく、パソコンで作成するよう息子さんに言い含めてありました。

その他の事例

火の元が心配な場合

認知症の人が生活するうえで一番問題になるのが、火の元です。あるとき講演会で、「ひとり暮らしで耳が遠く、チャイムを鳴らしても出てこないし、電話にも出ないお年寄りがいます。火の始末が心配だけど、どうしたらいいでしょうか」という質問がありました。

こういう場合私なら、まずは、火を使えないように、ガスの元栓を締めるところから始めます。

ところが、認知症の人は元栓の位置を体で憶えている場合もあり、自然と手がいって開けてしまうこともあります。そんなときは、周囲にブロックなどを置いて元栓を完全に隠してしまいましょう。本人がガス会社に電話して「修理してほしい」と言ったケースもあるので、必要なら関係者に事情をよく説明しておくなど、根回しも必要です。

禁煙に成功した例

トシオさん（80歳）はたいへんなヘビースモーカー。認知症になってもタバコをやめません。火の始末ができなくなってきたので家族がやめさせようとしましたが、隠れて吸うようになるなど、逆効果でした。

このときは家族に、次のように対応してもらいました。まず、家の中のタバコや、それに関係するもの（ライター、灰皿など）は全部隠します。そして本人から「タバコは？」と聞かれたら、「『体によくないから』って、10年前に禁煙したじゃない。夢でも見たの？」と答えてもらいました。すると、「そうか、禁煙したのか」とその場は納得します。

しばらくすると、また「おい、タバコ」と言い出しますが、同じように「10年前に禁煙したでしょ」と伝えます。これを何度もくり返すうちに、自然と吸わなくなりました。

その他の事例

ジュースを使って酒を控える

ヤスオさん（71歳）は、家族に言わせれば「アルコール中毒」です。家では朝から「酒はないか」と要求。デイサービスでは昼食をつまみに「飲みたい」と言います。健康面が心配な人でした。

そこで考えたのが、スポーツドリンクのレモン割りです。スポーツドリンクにレモンをしぼって氷を入れ、「ごめん！　焼酎のレモン割りしかないの。これで我慢して。今買ってくるから」と言って差し出します。

するとヤスオさんは、おいしそうに飲んでくれました。見た目などがよく似ているためか、お酒を飲んだ気になるようです。同時に家族に、家の中の酒類をなくしてもらい、お酒から遠ざけることができました。

ちなみに、スポーツドリンクに醤油を数滴たらした〝ウィスキーもどき〟で断酒した人もいます。

異食を防ぐ方法

マツさん（75歳）は大の犬好き。自宅で愛犬のチロと食事するのはいいのですが、食べていいもの／いけないものの区別がつかなくなっているのか、ドッグフードまで口にするようになってしまいました。

そこで家族と相談して、「チロと一緒にご馳走を食べに行く」という口実で週3回デイサービスの利用を始めました。ペット同伴はまずいのでチロは病気ということにし、「チロは病院に連れていくから」とマツさんだけ送迎車に乗ってもらいます。「チロがいない」と不安がるときは「もうすぐ着くと思います」などと気をそらしました。そのうちチロは〝いなくて当然〟状態になり、何も言わなくなりました。

一方、家ではドッグフードの代わりに人が食べられる食事をチロに与えてもらい、異食しない環境を整えてもらいました。

解説

ここに紹介した以外に危険な場面として、お手洗いがあります。和式が主流だった時代に生きていたお年寄りが認知症になり、その当時に「戻ったつもり」になってしまうと、便座の上にかがんで用を足そうとしたりします。足が滑って転倒・骨折しやすいので、座り方には注意を払ってください。

火事対策で家族からよく出されるアイデアがＩＨの導入ですが、お年寄りには新しい器具は使いこなせないことが多いものです。在宅介護で困っているなら、デイサービスや配食サービスを利用したり、ヘルパーの利用なども考えたほうがいいと思います。

最後に、引き算で異食を回避した事例もご紹介しました。ほかにも生肉や冷凍食品を口にする人に対して、冷蔵庫に「危険！　ペンキ塗り立て」などと貼り紙をしたこともあります。ですが、異食を回避するには、基本的に①周囲に何も置かない、②常に目を離さない、しかありません。このふたつができない場合は、施設入所を視野に入れましょう。いずれにしても、異食のような症状は引き算だけでどうにかなるとは限らないので、よく注意してください。

介護者を入れてくれない

スズさん（80歳）

ヘルパーを家に入れてくれた言葉

――って
家に入れて
くれないんです
スズさんって
2丁目で
ひとり暮らしよね
はい
何度行っても
家に入れて
くれないので
遠方のご家族に
電話したんですが
うちは遠いし
私も仕事でそうは
来られないでしょ
ヘルパーさんに
手伝ってもらった
ほうがいいって！
子どもじゃあるまいし
自分でできるわ
アカの他人を
家に上げるなんて！
母は昔から少し
気難しいところが
ありましたけど
認知症のせいか
疑い深くなってる
みたいで…
どうか次回もお願いします
ということ
でした
そう…
次こそ家に
上がらせて
もらわなくちゃ
これスズさんの
ケアプラン？
主治医は…あぁ
山口医院の山口先生ね
？
じゃあ
ここはひとつ…

POINT

うまく家に入れてもらえず、利用者の生活に支障を来す場合は、こうした引き算も必要だと思います。ここでのポイントは、信頼している医師の名前を上手に使っていること。必ず事前にその医師と申し合わせをしておきましょう。このマンガのように、見せかけの薬袋を用意するなどの工夫ができれば完璧です。

その他の事例

知人のように振る舞う

　私の事業所には、とても背の高い男性職員と、小太りの男性職員がいます。どちらも体型が特徴的なので記憶に残りやすいはずです。このふたりが通院介助のために、ある利用者のお宅にうかがったときのことです。

　チャイムを鳴らして「初めまして。お迎えにあがりました！」と挨拶しましたが、本人は認知症なので、ヘルパーが来ること自体を憶えていません。職員を不審者扱いして、「帰ってください！」とけんもほろろの対応です。

　困ったふたりは私に電話してきました。そこで私は「10分ほど待ってから、親しい人を装ってもう一度たずねてみて」とアドバイスしました。

　時間をおいて今度は「ご無沙汰してます」と言うと、「あら、あなたたちも元気だった？」と、何事もなかったかのように家に入れてくれたそうです。

　この職員たちは、なぜ自宅に入れてもらえなかったのでしょうか。原因は、何気なく使った「初めまして」という言葉にあります。職員が利用者のお宅を訪ねるのは確かに初めてでしたが、実はこれが「足し算」になっていたのでした。

　そのふたりが、10分後には自宅に入れてもらえたのは、「ご無沙汰してます」という引き算の効果でした。

　このように、認知症の人に「初めまして」と言うと、その人にとっては〝知らない人〟になってしまいますが、「ご無沙汰してます」と言うと〝知っている人〟になることができます。また、10分という時間をおくことで、認知症の人が出来事を忘れるのを待っている点にも注目してください。

その他の事例

帰してくれないとき

自宅に上げてもらえないのも困りますが、逆にヘルパーが帰ろうとすると、寂しいのかなかなか帰してくれない人がいます。

ある女性利用者のケース。若い男性ヘルパーが行くと「若い男が、鍋釜洗ってるんじゃないよ」とか「こんな所でごろごろしてないで、ちゃんと働かなきゃダメじゃない」といつもお説教です。ところが、帰ろうとすると「もう帰るのかい。もう少しいなさいよ」と言い出すのです。

話し相手になりたいのは山々ですが、次の予定もありますし、仕事ですからなれ合いはよくありません。こんなときは「醤油が切れたから買ってきます。物騒だからカギかけておきますけど、テレビでも見ててください」と言って、きちんと戸締まりをしてから辞去しましょう。思ったよりすんなりいくものです。

家から追い出されたとき

ちょっと変則的ですが、家族が家から追い出されてしまったケースをご紹介します。

夫を介護している妻の例ですが、夫は昔から女遊びが派手な人で、認知症と診断されてからも「浮気しているつもり」が抜けません。妻を愛人と間違えることがあり、「女房が帰ってくる。早く家から出てくれ」と追い出されそうになることがあります。妻が「何言ってんの、私よ！」と言っても、「いいから」と聞いてくれません。

こういうときは、家族が無理に居座ろうとしても、争いのタネをまくだけです。ここは5～10分程度、いったん家から出ることをお勧めします。あらかじめ財布や、夏なら帽子や日傘、冬ならコートにマフラーなど、「外出セット」を準備しておくといいでしょう。家のカギだけは絶対に忘れないようにしてください。

解　説

なかなか家に上げてくれないとき、ここに紹介した以外に、「近くでガス漏れ事故がありました。お宅のガスも点検させてください」と言って、なんとか介助に持ち込んだ例がありました。

反対にヘルパーを帰してくれないのは、本人の寂しい気持ちからでしょう。認知症だから、なおさら心細く感じるのかもしれません。こういうとき、介護職はつい「かわいそう」などと思ってしまいがちですが、プロとして思い切ることも必要です。介護のために遠方から通ってくる家族なら、どうしても帰らねばならないことがあるでしょう。

買い物を装うのは使いやすい方法ですが、そのほかに「働かないと食べていけないので、仕事に行ってきます」と言ったところ、「いいよ。頑張っといで」と外に出してくれたケースもありました。ここで大切なのは、必ず玄関のカギをかけることです。「物騒だから」と伝えて、本人に中からかけてもらいましょう。

不穏・けんか・暴力を防ぐ

タケダさん（81歳）

うまく気をそらす

タケダさんは元警察官です
いつも自信満々で堂々としてます
やあやあみなさん
今日も朝から感心ですな
タケダさんお早うございます
正義感が強いのはいいのですが
お早うございます
おっ
お先にどうぞ
血圧測
コーナ
じゃあ
こらこら順番は守りなさい こちらのご夫人が先だよ
!
高飛車なところがあります
ちがうの

それっ
あ！ ストップ ストーップ！
今 線踏んでたぞ！ 減点1だぞ やり直し！
一時停止違反だ
審判もよく見なさい！
きちんとルールを守ることが大切なんです！
さぁ もう一度
まあ
まあ
また始まった…
いつも上から目線でイヤよねえ
今日もまた――
何するんだ！
この椅子はみ出してるよ 進路妨害だ！
杖でたたくことないだろっ
もっと引いて
あ！ また始まっちゃった？
タケダさん！

ちょっと
ちょっと
ちょっと来て
変な人があっちからのぞいてたの見てきてくれない?お願い!
何?どこだい?
あの窓の向こうの木の陰から
どれどれ
気をつけて!
どうでした?
別に何もなかったよ

POINT

タケダさんの生きざま（性格・仕事）を利用した引き算ですが、さらに「タケダさんのおかげで……」という言葉を連ねて達成感を得てもらい、最後に感謝と労いで和やかになってもらうというふうに、複数の方法を組み合わせているところに注目してください。

その他の事例

暴れている人を止めた行動

初めての訪問の日、ツネコさん（82歳）の家から、彼女の怒声が聞こえてきました。「私はやっていません！」と叫びながら、ツネコさんが、2階の窓から干してあった掛け布団やバスタオルを下に投げています。

怒っているのを無視して、外から「こんにちは！」と明るく声をかけると、ツネコさんは窓をまたいで下りてこようとします。〝2階にいる〟という、正しい空間認識ができなくなっているのです。

私は2階へ駆け上がり「会えてよかった～。心配してたのよ」とツネコさんにハグ。ツネコさんは「よかった！　来てくれたのね」と、上機嫌で私を迎えてくれました。気分を変えるにはハグすることが効果的と咄嗟に判断したのが、大正解でした。

もちろん初対面ですが、友人のように振る舞って怒りを忘れさせたケースです。

故郷の話題で不穏をなくす

デイサービスのフロアで、スズコさん（73歳）が目を吊り上げて歩き回っています。ものがあると力まかせに叩きます。ケガも転倒も心配な状況でした。

私は黙って近寄り、横に並んで歩きました。ギラッと睨《にら》まれましたが、知らん顔で「昨日、小樽へ行ってきたのよ」とひと言。小樽はスズコさんの出身地です。すると足を止め、「ホント？」と急に顔の険しさがとれました。続けて私が、「ごめんね、お土産買うの忘れちゃった」と言うと、「いいのよ」と上機嫌に。最後に、「立ち話は疲れるから、座りたいんだけど」と言うと、「いいよ」とすんなり一緒に座ってくださいました。

座った途端、「家に寄ってくれた？　父は元気かしら」と言います。私が「お元気よ」と言うと、懐かしそうな表情で、穏やかなスズコさんになりました。

解説

けんかになりそうだったり、暴れている人がいる場合は、タケダさんやツネコさんのケースのように、気をそらすことで解消する方法もあります。ですが、妄想状態に陥って顔をこわばらせ、別人のようになっているときに声をかけると、火に油を注ぐ結果になることもあります。そんなときは、黙って見守りを続ければ、そのうち我に返って落ち着くものです。

一方、スズコさんの事例のように、生きざまを利用して引き算する方法もあります。「小樽へ行った」などの一連の会話は、もちろん引き算。故郷の話題で落ち着いていただき、最後は「そろそろお昼だし、みんなの輪に入りましょうか」と促して、デイサービスのプログラムに参加していただきました。

こういうとき、本人と共有できる話題がなければつくってしまいましょう。たとえば利用者の出身地がわかっていれば、地図やテレビの情報が利用できます。お年寄りに間違いを指摘されたら、「私が行ったときはそうだったんだけど」と話をそらすか、「あ、そうだっけ」と言ってかわしましょう。忘れることを利用するのが引き算の介護ですが、ばれたときはこちらも忘れたことにするのです。そして、あくまでも相手の情報が正しいことにする、それが平和的解決法となります。

性的な行動をどうするか

ムライさん（62歳）

性的欲求をうまく避ける

ただいまー
おかえりなさい 遅かったのね ご飯食べる？
うん 自分でやるから いいよ
お父さん ただいま
ああ どうも えーと…
リョウコよ
じゃあお風呂入ってくるからお父さん見ててくれる？
わかった 大丈夫よ
お父さん テレビ 見てる？
うん？
ムライさんは若年性認知症 妻と娘が介護しています
チャンネル変える？
ああ…
はい リモコン ここ押すと 変わるから
ああ そうだ そうだ

お風呂あいたよ
お母さん 私 今月決算で 遅くなりそう
ごめんね お父さんの 世話 できなくて
わかった 悪いね お金入れて もらっているのに
ん？
ひいっ！
ちょっと お父さん 何するの やめて！
やめてよ！
何だ！ 何でだ！
いいだろ！
そんな大声 出したらリョウコが 起きちゃう
なあ！
わかった わかったから 静かに！
もう本当に……

ショックで…
何年もなかったのに…
どうして私がこんな目にって…
絶望的になっちゃって
ごめんなさいね こんな話 恥ずかしいわ
うぅん
そんなことないですよ 80過ぎた人でもよくあるんです
でも認知症ならむしろ対応しやすいと思いますよ
えっ?
そんなときはね
なあ おい
来たわね
はいはい
よし よし
じゃあお風呂入ってくるから ちょっと待ってて
パタン
パチッ
わかった♥
10分後――
くかー
しばらく待っている間に行為を求めたこと自体を忘れてしまいます

POINT

性的な欲求そのものを消すのは難しいことですが、認知症の人が忘れてしまうまでの時間を引き算でうまくかせぎましょう。「お風呂」を口実に使うことで、欲求に応える姿勢だけ見せている点に注目してください。

その他の事例

特徴を利用して回避

たとえばショートカットの女性なら、そのヘアスタイルが使えます。

入浴介助の最中に、男性のお年寄りから誘われることがあります。そのとき、あわてずに「私のこと、女だと思ってる？　実はね、5年前は男だったのよ。手術して女になったの」と伝えてみたところ、セクハラがやんだのです（これは相手の価値観を利用した引き算で、私に差別的な意図はないことを付言しておきます）。

あるいは女性なら、同じような状況で「私、今日アレなの」と言ってみるのもいいでしょう。「アレ」とはもちろん生理のことですが、これでお年寄りが引き下がったこともありました。

服を脱ぐのをやめた言葉

施設に入居している女性利用者の話です。

そうしていると気持ちがいいのか、すぐに服を脱いで裸になる人がいました。本人はいいかもしれませんが、まわりが迷惑です。ほかの入居者から苦情が出るようになっていました。

もちろん、説得は通じません。職員が「寒いですよ」と言うと「寒くないわよ」。「みっともないですよ」と言うと「みっともなくないわよ」と答える有り様です。

ところが、ほかの職員が彼女に向かって「すぐに服を脱ぐのはスケベよ」と言った途端に、パッと服を着ました。

理由は何だったのかわかりませんが、認知症の人に通じるのは理屈じゃないと、あらためて痛感しました。

解説

食欲・性欲・睡眠欲は人間の三大欲求だと言われますが、まさにそのとおりで性欲自体をどうにかするのは困難です。むしろ気をそらしたり、その気だったのを削《そ》ぐことを考えましょう。病気の症状だと割り切って、できるだけ冷静に対応するのがいいと思います。ここに紹介した以外に、こんな方法もあります。

・「じゃあ、一杯飲んでからにする?」と言って飲み物を勧めたり、相手の好きな歌を聴いたりして忘れるのを待つ。

・「○○さんの奥さんはおきれいですね」「お仕事がたいへんなんですってね」と、パートナーのことや仕事のことに話を向ける(パートナーや身内を褒められると気を削がれる)。

・「今日の髪型、ステキですね」「おしゃれですね」と服装や容姿を褒めてみる。自慢話が始まったら聞いてあげる。

・お笑い番組を録画しておき、それを流す。見ているうちに求めたことを忘れるので、しばらく様子を見ながら待つ。

・バカ丁寧な敬語で相手に距離を感じさせ、気を削ぐ(言葉の使い方で相手との距離を調整できます。親しくなりたいときは、フレンドリーな言葉を使う)。

第5章

「認知症」とのつき合い方

この本のテーマは引き算の言葉かけを使った介護です。その内容はここまでにご紹介したとおりですが、引き算はあくまで当座の手段。介護者は引き算以前に必要な、もっと根本的なことを知っていなければなりません。この章では、認知症の人とどのようにかかわればいいのか、その最も基本的なところを説明します。

お年寄りの敵「三不足」

まず、これは認知症の人に限らずお年寄り一般に言えることですが、絶対に不足させてはいけないものが3つあります。

それは、**栄養・水分・刺激**です。

栄養についてはは私たちにも思いあたるところがありますが、お年寄りはより注意が必要です。というのも、歳をとると体がだんだん動かなくなるので、高齢者は調理を億劫《おっくう》がるようになるからです。

とくにひとり暮らしの男性は要注意で、放っておくと菓子パンや買ってきた惣菜だけで食事をすませたり、お酒ばかり飲んでいるという状態にもなりかねません。栄養不足は認知症に限らず病気のもとであり、持病が悪化するもととなるので、介護者が気をつけてあげる必要があります。

水分も同様に大切です。体に必要な水分が足りなくなる脱水が起きると、めまい・ふらつきから始まって、重度になると意識障害（意識がない・わけのわからないことを言う）などの深刻な症状が出ます。

お年寄りは、若い人よりも体に蓄えておける水分量が少ないので、脱水を起こしやすくなっています。夏だけでなく、冬でも部屋の暖房やこたつが原因で、高齢者が脱水になる場合もあることを知っておきましょう。

さらに、歳をとるとのどの渇きを感じにくくなるので、飲み物を勧めても「いらない」と言って飲んでくれないことがあります。認知症だとなおさら飲んでもらうのが難しくなります。どうしても水分を摂《と》ってくれないときは、よく知られた方法ですが、お茶をゼリーにして食べてもらってもいいでしょう。あるいは、かき氷を用意してもいいと思います。手間はかかりますが、いろいろな味のシロップを用意しておけば、見た目も鮮やかで楽しく水分補給してもらえるでしょう。

最後に、生活の中に刺激を取り入れることを忘れないようにしたいものです。外に出る・人に会う・交流して楽しむといった活動を通じて刺激を与えなければ、脳は衰えていくばかりです。とくに認知症の人は、初期は「こもり病」になりやすいので注意しましょう。人前に出て気を遣うことも刺激のひとつとして、大切に考えてください。お年寄りをつかまえて無理やり脳トレをやらせるよりは、表に出て風や日差しを肌で感じてもらうほうが介護者のストレスを軽くしてくれるような気がします。

「安全地帯」「安心座布団」で不安を解消

第1章で触れましたが、認知症の人は周囲の状況をうまくつかめなくなって不安を感じています。

ある女性が、認知症のお母さんを病院に連れていこうと、車イスに乗せました。「さあ、病院に行きますからね」と伝えたところ、しばらくの間は何ともなかったのですが、横断歩道にさしかかったところでお母さんが突然、「ギャーッ、人殺し！　助けてください」と叫び出したという出来事がありました。

おそらく本人は、誰かわからない人に、わけのわからない場所に連れて行かれるような感じがして、殺されるのではないかというくらい、強く不安になったのでしょう。

認知症の人の気持ちとはこのようなものです。私たち介護者がかかわるにあたっては、不安であることを理解したうえで、その気持ちを少しでも和らげることができるようにするのが大

誰にでも安心できる居場所が必要。認知症ならなおさらだ

切です。そのためにはどうすればよいでしょうか。

誰にでもほっとできる場所があるはずです。それは自宅だったり仕事場の机だったりと人それぞれです。

認知症の人にも、そのような安心できる場所を介護者が探して用意してあげればよいのです。私はそのような場所を、認知症の人にとっての「安全地帯」と呼んでいます。ちょうど車がビュンビュン行き交う道路の真ん中に、絶対に大丈夫な場所が設けられている、あのイメージです。

もっとも、認知症の人を安全地帯に案内するだけではまだ不足です。〝納得〟してそこにいていただかなくてはなりません。そのためには、「ここにいていいんだ」「ここは自分の居場所だ」と、認知症の人に安心してもらう必要があります。認知症の人に「安心座布団」に座っていただくのです。座布団にスッと腰が落ち着くあの感じを、認知症の人に得てもらうのがベストです。引き算はそのための有効な手段だと言えます。

認知症の人とかかわるときの「三原則」

引き算のときだけでなく、認知症の人と接するとき全般で介護者が心得ておかなければならないことは、そう多くはありません。必要なのは、

おどかさない・追いつめない・おびえない

という、この三原則だけです。

ちょっと忘れものをしただけで、「それは認知症じゃないか」「病院に行ったら?」とお年寄りに言う家族がいます。心配しているつもりかもしれませんが、あまり言い過ぎても、本人をおどかして不安を煽るばかりで、いいことはありません。

それどころか、かけた言葉がお年寄りを追いつめてしまうことさえあります。実際の話ですが、78歳のある女性は、事あるごとに周囲から「認知症じゃない?」「病院に行ったら?」などと言われ続けたため、いつもおどおどして過ごしていました。そのうちにうつ状態となり、

本当に認知症になってしまったのです。というより、うつ状態は認知症の前兆だったのだと思いますが、いずれにせよ、おどかすようなことばかり言うのは考えものです。

もちろん、まわりの声かけだけが悪かったと言うつもりはありませんが、明らかに認知症の人を追い込むような声かけだけは避けましょう。

認知症というと何となく恐ろしげな感じがすることと思います。また、〝認知症の人にどのようにかかわってよいかわからない〟という戸惑いを感じることもあるでしょう。でも、本人はもっと不安で戸惑っているのです。介護者までおびえてしまっては、状況を悪くするばかり。とにかく私たち介護者が恐れることなく接することが肝心です。

家族や介護職の気持ちは、認知症の人に強く響きます。介護する側が怒っていたり恐れていると、認知症の人もそれを察知して不穏になりますが、家族や介護職が穏やかであれば、認知症の人も落ち着きます。結果として三者すべての間に信頼関係が生まれますが、不穏なままではうまく協力できません。

一方、認知症の人が落ち着いてくれると、家族と介護職の間に信頼感が生まれますが、それも誰かが不穏なままではうまく協力できないものです。

このように、認知症の人―その家族―介護職は、互いに誰かの心理がほかに反映するのです。ちょうど「三面鏡」のように関係が映し出されます。ひとりが離れればほかのふたりも離れ、逆に近づけばみんなで歩み寄ることができるのだということを、よく心得ておきましょう。

言葉を鵜呑みにせず「翻訳」する

認知症の人にかかわるにあたって、介護者にもうひとつ気をつけていただきたいのは、本人の言うことを何でも鵜呑《うの》みにしないでほしい、ということです。

だいたい歳をとれば誰でも、適切な単語がパッと出てこないため、「あれが……」「あそこで……」「あっちに……」といったような会話が増えてしまいますが、認知症の人は、病気のためにもっと言葉が出にくくなっています。

また、言葉が出たとしても、それが適切な表現になっていないかもしれません。本人の言うことをもとに情報収集しているだけでは、命にかかわることも起こりかねないので注意が必要です。

こんなケースがありました。作業現場の社員寮で、賄いの仕事を長く続けていた女性。若い頃から〝ものを買ったつもり〟〝外食したつもり〟の、いわゆる「つもり貯金」でコツコツお金を貯めてきた人でした。

歳をとって退職し、貯めるお金がなくなったのに、銀行に「通帳とハンコを返して」と押しかけるようになり、認知症と診断されます。閉じこもりがちになり、とうとうある日、救急車で運ばれて入院してしまいました。原因は栄養失調と脱水とのことです。

この人の口ぐせは「私は貧乏だから」でした。周囲も本当に貧しいんだろうと思い込んでいたのですが、その後ヘルパーが自宅に入るようになり、掃除のため押し入れを開けたところ、風呂敷包みの中から束ねた1万円札がドッと出てきたそうです。

女性は「貧乏のつもり」で飲まず・食べず・外出せずに貯め続けて入院となったことが、これでわかりました。「つもり病」がもとで、この章の初めに説明した「三不足」が全部そろってしまったわけです。

この場合は救急搬送されて何とかなりましたが、たとえば高血圧や心臓病など、命にかかわる持病がある認知症の人の場合はどうでしょうか。ちゃんと服薬してもらいたいところですが、本人が「薬は飲みました」と言っても〝飲んだつもり〟になっているだけかもしれません。たとえば介護者が、薬の包み紙が捨ててあるかどうかを確認するなど、チェックしたほうがいいと思います。

つけ加えておきますが、私は「認知症の人が言うことは信用するな。すべて疑ってかかれ」と言いたいわけではありません。

「本人はこう言っているが、本当のところはどうなのか」

「こんな言葉を遣っているが、本当の気持ちはどこにあるのか」と、認知症の人が発するメッセージを、状況の中に置き直して正しく解釈したほうがいいし、場合によってはそれを周囲に伝えなければならない、ということです。この意味で介護者は、いい「通訳」になる必要があるのです。

認知症は「ものさし」ではかる

認知症は進行性の病気ですが、言葉に着目すると、その進み具合を推し量ることができます。これを私は「認知症のものさし」と呼んでいます。本人にどのような対応をすればよいか、目安を得られるのが便利です。

いちばん役に立つのは、

「おいくつになられましたか？」

と年齢を聞くことです。認知症のお年寄りが、「いくつに見える？」とはぐらかすような問い返しをしてきたら、この方はまだ初期の可能性が高いと言えます。〝自分の歳がはっきりわからない、思い出せない。けれども、それを悟られたくない〟という気持ちがあるため、ごまかそうとしているのです。

これに対し、たとえば85歳の人が「45です」などとあり得ない年齢を言う場合は、認知症がずいぶん進んでいると考えられます。

もうひとつ、介護職が自宅を訪問した際などは、こういう言葉をかけてみる方法もあります。たとえば夫に認知症の疑いがあり、妻がその介助をしている場合、妻が席をはずしたところを見計らって、

「私、女の人を見ると、奥さんだか娘さんだか、わからなくなっちゃうんです」

と前置きしたうえで、

「あの女性はどなたですか?」

と聞いてみるのです。そこで夫が、「あれはおれの姉さんだよ」とでも答えたら、関係がわからなくなっているということなので、認知症が進んでいることがわかります。試していることを悟られると、人によっては怒り出すことがあるので、ちゃんと前置きをしておくのがポイントです。

ほかに、認知症の人は行動にも特徴が出やすいので、介護者は注意して見てください。たとえば、認知症の初期の人は人前ではしっかりしていて見わけがつかないとよく言われますが、私の経験では30分もたつとそわそわし始め、畳を触ったり、座布団の端をいじったりと、落ち着かなくなることが多いように思います。

いわば長時間〝いい子〟状態でいるのに耐えられなくなるのでしょう。私に「もうお引き取りください」と言い出した人もいました。

また、認知症の症状として排泄物を弄《もてあそ》んだり（弄便《ろうべん》）、イライラしやすくなったり、粗暴になることがよく知られていますが、それらは認知症がだいぶ進んでから出ることが多いように思います。

家族の苦しさを忘れてはいけない

認知症の人がいかにつらくて不安な思いをしているかは、すでに第1〜2章で説明したとおりですが、認知症介護では、介護にあたっている家族もつらい思いをしていることを忘れてはなりません。「家族が認知症」という事実、「介護で疲れた」というしんどさに、それまで積み重ねられてきた家族関係が絡んでくるので、事態は複雑になります。

たとえばある女性は、姑にいびられたトラウマから、実の娘をいじめ抜いたそうです。「あんたはお父さんに似て不細工だ。産むんじゃなかった」などという心ない言葉で、娘さんは何度も泣かされたとのこと。このため母親が認知症と診断された後も、娘さんは介護を父親にまかせてひとり暮らしをしていました。

やがて父が亡くなり、母を引き取らざるを得なくなります。認知症のせいで、より頑固で強欲になった実母に罵《のの》られる日々が始まってしまいました。娘さんは何度も母の死を願いつつ、その一方で母の死を願う自分を責めるという毎日だったそうです。

家族の仲がよくても、苦しみは生まれます。ともに80歳のご夫婦です。ふたりとも几帳面できれい好き・活動的という具合で性格がぴったり一致するのか、仲むつまじいカップルでした。テニスに水泳、俳句教室と、どこへでも一緒に通っていたのです。

ところがある時期から、妻の行動がおかしくなっていきます。コップをしまうべき棚に茶碗をしまったり、鍋のフタとヤカンのフタの区別がつかなかったり、掃除機の使い方がわからなくなったり。

認知症が始まったのでした。妻が何もかもできなくなっていくことを、夫は受け入れることができません。何とか治そうと必死になりますが、空回りして悩むばかりです。相思相愛だっただけに、葛藤にも深いものがありました。

認知症に詳しい川崎幸クリニック院長の杉山孝博医師によると、認知症介護にあたる家族の心理的変化は、「否定」「混乱」「怒り」「あきらめ」を経てようやく、認知症の「受容」という段階に到達するのだそうです。うまくつき合えるようになるまでに、家族がつらい思いをするということは、誰もが知っておくべきです。

絶対に避けたいのは「共倒れ」

ところが苦しい立場におかれると、人はかえって自分のつらい気持ちや状況を、誰にも相談することなく、手助けも受けずに抱え込んでしまうことがあります。認知症とつき合うときいちばんよくないのが、この「抱え込み」です。とくに男性は、助けを求める＝弱みを見せることと考えるので、女性以上に抱え込む傾向があるようです。

また、会社勤めをしている人が、介護を理由に仕事をやめるケースもあります。もちろん、時と場合にもよりますが、私はこのようなかたちでの退職は、基本的にやめたほうがいいという立場です。

仕事には責任がともないます。だから仕事中は介護のことを忘れられますし、たまには同僚に愚痴を聞いてもらうこともできるでしょう。そうしたところから生まれる心の余裕が、認知症の人への優しさにつながります。「昼間ひとりにしてごめんね」「不自由な思いをさせてごめんなさい」という心模様です。

ところが仕事をやめてしまうと、認知症の人と「家」という閉じた空間の中でずっと一緒にいなければならなくなり、「あなたがいるために何もできない」という不満ばかりが募るので、行き詰まってしまいます。

お年寄りはいつか亡くなります。つまり、どんな介護にも終わりは必ずあるわけですが、問題はそれがいつか、はっきりしないところにあります。このように先が見えないため、家族は認知症介護によって感じるつらさや疲れが、永遠に続くような錯覚に陥りがちです。

実母の死を願う女性の例に触れましたが、「父がさっさと死んでくれたら、とよく思います」とこぼす、実父を看《み》ている娘さんの相談にのったこともありました。彼女も実父を負担に思うと同時に、「負担だ」と思っている自分自身を責めていたのです。切実な声でした。さんざん泣いた後で、「言い足りたからもう大丈夫」と言って見せてくれた、さわやかな顔が印象的でした。

このように、愚痴である程度ストレスが解消できるならまだいいのですが、次のような場合は要注意です。

ジロウさんは85歳で脳梗塞を起こし、救急搬送されました。リハビリに励むこと半年、体はほぼ、元の状態に戻りましたが、認知症の症状が出始めます。食事をしたかどうかがわからなくなったり、言うことがちぐはぐになったり……。

家族はジロウさんをデイサービスに通わせるようになりましたが、それから1年近くたった頃、彼は再び脳梗塞で倒れました。今度は前回ほど回復しませんでした。車イスを利用するようになり、呂律《ろれつ》もまわらなくなりました。言いたいことが言葉にならないためか、しょっちゅうイライラしています。そのうち自分の言いたいことや要求を忘れるらしく、途中からはただわめくだけです。

家では昼夜関係なく妻を呼びつけます。妻は少しでも休みたいので別の部屋にいるようにしているのですが、呼びかけに応じないと、ジロウさんは伝い歩きでやってきます。これが毎日続いた結果、とうとう妻はノイローゼ気味になってしまいました。そしてある日、「ついに手をあげてしまった！」と、私に泣きながら電話してきたのです。

やがてジロウさんは大声を出す元気すら失い、妻はぼんやりすることが増えていきました。妻は介護疲れから、ジロウさんはその影響で、ともに疲弊していたのです。このままでは共倒れになると判断した私は、急いで滞在型の施設にジロウさんを預けるように勧めました。

どんな人にも「施設どき」がある

〝施設にお年寄りを入居させる〟と言うと、「かわいそうだ」とか、「つらくてとてもできない」という意見が出てくることがあります。そのような見方を全面的に否定するつもりはありませんが、こと認知症介護について言えば、情や世間体に構っていられない場合もあると思います。

その意味で、どんな介護にも施設に頼るべき「施設どき」というものがあります。ジロウさん一家のケースがまさにそうでしたが、たとえば次のような場合も〝そのとき〟が来ていると言えます。

ある家族は、お嫁さんが認知症の義母を介護していました。ある日、お嫁さんがパートから帰ってみると、家の中が羽毛だらけになっていて、ひどい便臭がしています。何があったのでしょうか。

実は認知症の義母が羽毛布団を破き、自分の排泄物を放り込んでこねくりまわした後、それを部屋中にまき散らしたのでした。義母がこのようなことをたびたびするので、家族全員が後始末に追われ、疲れ切っていました。

排泄物がほこりと一緒に空気中を舞っているような状態は、認知症の本人にはもちろん、家族にも有害な環境だと言えます。悪くすると感染症にかかるかもしれません。もはや在宅で／家族で対応できるレベルとは言えないでしょう。

このように、誰にとっても劣悪な状態が生じるようであれば、介護家族が生きる気力を失わないうちに施設利用を検討すべきだし、介護職もそれを勧めたほうがいいのではないかと、私は思うのです。

「これでよし」と思えることが大切

次に紹介するのも、「施設どき」で判断したケースです。

民謡の先生だったサナエさん（85歳）はひとり暮らしです。ボランティアで民謡を歌っていただくという名目で、私のデイサービスに来ていました。民謡を歌って喝采を浴びているときはいきいきしています。が、自宅では、朝晩はヘルパーが入っていましたが、出かけたまま戻れなくなったり、火の始末もあやしくなっていました。

このまま独居を継続するのは難しい。かといって、彼女を引き取れるだけの経済力・介護力のある親類もいません。まだ「自分らしさ」がたくさん残っているうちに、何とか安心できる場所へつなげたい。「今なら間に合う」という思いで、私はグループホームを探しました。

本人には、**「今度、うちで宿泊施設をつくったんですが」**と前置きしてから、**「民謡でお客さんをおもてなしするために、泊まりがけで手伝いに行ってください」**と引き算でお願いしました。本人の納得が得られたところで、「あっちではいつまでもいてほしいと言われるかもしれないけど、必ず帰ってきてね」とつけ加えます。〝帰る場所がある〟と強調しておくことで、知らないところへ連れていかれるという不安を少しでも減らしたいと思ったからでした。

入居するグループホームにはあらかじめ、私がサナエさんに言い含めたことをすべて申し送りしました。とくに強調したのは、あくまで「民謡の先生」として対応してほしいということ。グループホームが居心地のよい場所となり、サナエさんが「住めば都」と思ってくれるように根回しをせねばなりません。

幸い、グループホームではいいケアが行われていたようです。サナエさんの入居後、2ヵ月ほどして様子を見に行くと、私のことはすっかり忘れている様子でしたが、「夕飯食べてって」と、つくりたてのカレーを盛りつけてくれました。そして、「みんなと一緒が楽しい」と言ってくれたのです。

介護には迷いと後悔がつきものです。お年寄りに施設に入居していただく前後なども、介護者は「これでいいのか」と迷い、「やっぱり家で看ることもできたのでは」と後悔するものです。ここで登場してもらったサナエさんに家族がいたとしたら、グループホームへの入居を勧めてもやっぱり迷い、少しばかり後悔したかもしれません。

ですが、認知症介護はどこかで「これでよし」と思い切ることも必要です。施設を利用しなかったがために不慮の事故が起こったり、家族共倒れになったりすれば、〝大きな後悔〟が残ります。介護者が、とりわけ家族が「もう十分やった」と心の底から思えるなら、それで十分ではないでしょうか。〝小さな後悔〟ですんでいるうちに切り替えるという考え方も必要なはずです。

どうにもならないときは「時グスリ」

施設の話が長くなりましたが、そうは言っても、希望すればすぐ利用を始められるわけではないでしょう。その一方、家庭で介護にあたる家族は、「もうどうにもならない」という思いにとらわれたり、何をやってもうまくいかない、と感じることもあるはずです。

そんなときは、「時グスリ」を使ってください。これは、「時は薬なり」という意味です。ほとほと困ったときや答えが見つからないときにあがいたり焦ったりせず、じっと静かにしていれば、答えは意外と自然に出てきます。

私も行き詰まったとき、この薬のお世話になることがあります。薬が効くまでの〝待ち時間〟はさまざまで、1～2日のときもあれば1週間のときもあり、もっと長いときもありますが、その後答えが見つかると、「来た！」と声をあげ、「これだったの」と、妙に納得することがあります。答えのほうから寄ってきてくれたという感覚です。

このことを、たったひとりで認知症の義父を看ている女性に話したことがあります。介護がうまくいかず、行き詰まっていた様子でしたが、1ヵ月ほどたった頃、「義父が施設に入りました」と電話がありました。できたばかりの有料老人ホームを、入居者が少ないため格安で利用できることになったとか。胸の内を話した後、その女性は、「答えが寄って来たんですね」と、安堵感いっぱいの声を聞かせてくれました。

ことわざにも、「待てば海路の日和《ひより》あり」と言いますが、私の中で「時グスリ」はもっと効果的で身近なものです。介護疲れに効く特効薬はありませんが、「時グスリ」と思って待てば、答えと出合う前から心が落ち着き、楽になれるかもしれません。施設を利用するか否かにかかわらず、苦しいときはぜひ試してみてください。

みんなで認知症とつき合う

介護というと、一般の人はどうしても〝家で看るか施設に入れるか〟という二択で考えがちです。このような考え方の背後には、「認知症は家族にまかせるか、プロにまかせればいい」という、どこか他人事《ひとごと》めいた雰囲気があります。それでいいのでしょうか。

認知症は、自分には関係のない「対岸の火事」ではなくなりました。これからは、みんなで協力してこの病気とつき合っていかねばならない時代です。

町内会長だったマサハルさん（85歳）、本業は自転車屋でした。妻はすでになく、息子は遠方に住んでいます。私のデイサービスには、**「お年寄りをお花見に連れていってあげたいので、会長さんのお知恵を貸してくださいませんか」**とお願いして来ていただきました。

ところがマサハルさんは、デイサービスに来てもそわそわして落ち着きません。「こんなところで油を売っていられない。お客が来る」と言います。**「じゃあ、車をまわしますから」**と引き算してお茶を出すと、いったんは気をそらせます。ところがまた「帰る」と言うのです。引き留めようとすると、しまいには怒って暴れ出してしまいました。

無理強いはいけませんが、デイサービスにはいてもらいたいわけです。マサハルさんが納得できる方法をいろいろ探しましたが、どうしても納得してくれませんでした。

マサハルさんの基本は「家を留守にできない」です。そこで、デイサービスの利用をあきらめ、自宅でホームヘルプを利用してもらうことにしました。自転車屋のお客を装って、安否確認してもらうのです。ヘルパーが入れない時間帯は、近所の人やボランティアを募って顔を出してもらいました。私も顔を出したことがあります。訪問するときは、

「ご無沙汰しています」

と言います。「誰だったかね？」と言われたら**「昔、うちの親がお世話になったので、近くに寄ったら、会長さんが元気にされているかどうか見てきてほしいと言われまして……」**と答

えます。すると、喜んで20分くらいは話してくれます。このようにして、訪問のときは町内会の知り合いを装います。これも忘れることを利用した引き算ですが、マサハルさんはその都度「オウッ」とニコニコ顔になってくれます。

デイサービスの利用はできませんでしたが、ヘルパーや協力してくださる方みんなでかかわることで、それぞれの負担を軽減しながら安否確認ができ、家族も安心でした。かろうじて、ではありますが、地元の協力を得てうまく対応できたケースです。

「やがて自分も通る道」「明日は我が身」

認知症は簡単な病気ではありませんが、みんなが力を出し合えば、恐れることはありません。マサハルさんはそのことを教えてくれましたが、最後にもうひとつだけ事例を紹介して、締めくくりとします。認知症の夫と暮らす妻からの相談です。

職場結婚したご夫妻でしたが、かつてふたりが勤めていた会社から、同期会のお知らせが届きました。しかし、妻は出席するかどうか、悩んでいると言います。夫の認知症はまだ、さほど重くはないのですが、知らないところに行くと部屋を間違えたり、トイレに行ったきり部屋に戻れなくなったり、入り口やドアを間違えたりするかもしれません。出席することで、夫が認知症だと周囲に覚《さと》られるかもしれず、それにも抵抗を感じるそうです。

夫に出席するかどうか聞くと、「行くよ。カレンダーに書いておいて」と言います。妻は言われたとおりカレンダーに「同期会」とメモし、返信用の葉書も「出席」に○をつけて投函したのですが、決心がつかなくて私のところに相談に来たのでした。

カレンダーを見るたび同期会のことが気になると言います。自分だけ出席しようか、それともふたりで欠席しようか。夫はもう同期会のことは忘れている。カレンダーにはエンピツで書き込んだから、今消しゴムで消してしまえばわからない。出席を約束した友だちには、夫が風邪をひいたことにしよう……。答えが出せない妻に、私はこう言いました。

「消しゴムで文字は消せても、心の傷は消せませんよ」

夫に無断で欠席に変えたら、この人はきっと後悔するだろう、そう考えて妻にかけた言葉でした。

しばらくたったある日、お土産を持って妻がやってきました。うれしそうな顔で、「ふたりで行ってよかった」と言います。泊まったホテルでは、大浴場で他人の洋服を着ようとしたり、トイレや部屋を間違えたりと、さまざまなことがあったけれど、ほかの参加者が手を貸してくれたので、トラブルにはならず楽しく過ごせたとのこと。

「やがて自分も通る道ということを、みなさんよくわかってらしたようで……。消しゴムを使おうとした自分が恥ずかしい。夫に懺悔《ざんげ》しなければ」

と語る妻のやわらかな笑顔が記憶に残りました。

本書では介護職と介護にあたる家族に向けて、ケアの技術を説明してきましたが、この同期会に出席したご夫妻の事例のように、認知症のお年寄りが身近にいたら、介護職や家族だけでなく、近隣住民、友人・知人、親類・縁者など、周辺にいる人たちはぜひ、力を貸してあげてほしいと思います。

認知症は他人事ではありません。先の妻が語ったように、「やがて自分も通る道」なのです。「怖い」「恥ずかしい」などと考えて、認知症介護を家や施設の中に閉じ込めるのではなく、これからの時代は、認知症の人とともに生きる方法を、みんなで真剣に考えねばならないのです。

単に介護の負担をわかち合うだけでなく、認知症の本人も含めて、みんなで楽しく暮らせる社会をつくる方法はあるはずです。私の提案する「引き算」の介護がその一助となれば、これほど嬉しいことはありません。

補遺

認知症の医学的な基礎知識

監修・須貝佑一（浴風会病院）

本書第1章にまとめた認知症の説明は、あくまでもこの病気をわかりやすくとらえるためのイメージです。病状を正確に把握するためには、病名など基礎的な医学用語と、その内容の理解が不可欠です。より踏み込んだ認知症の説明を、専門医である須貝先生のご協力を得てここに掲載させていただきます。

認知症の概要

認知症は脳の病気です。かつては「遺伝する」「性格が原因で発病する」などと根拠のない説が信じられていた時代もありましたが、医学の進歩によって原因や症状が明らかになってきました。

最近では認知症の前段階、すなわち病気とも言えず、かといって健全とも言いきれない状態を指して「軽度認知障害（MCI）」と呼ぶようになりました。MCIの人は、この先の過ごし方によって認知症に進むか否かのどちらかにわかれます。本書冒頭には「5人に1人」という推計が載っていますが、こうした〝予備軍〟も含めると、65歳以上の4人に1人は認知症になると言われています。

認知症は原因疾患によって分類され、その種類はさまざまです。細かくわけると100種ほどあると言われていますが、お年寄りに起こるおもなものとしては、アルツハイマー型認知症（約5割）、脳血管性認知症（約2割）、レビー小体型認知症（約1割）があげられます。残りの2割程度を、そのほかのさまざまな原因疾患によって起こるものが占めていますが、この3タイプが近年、「三大認知症」と呼ばれているものです。

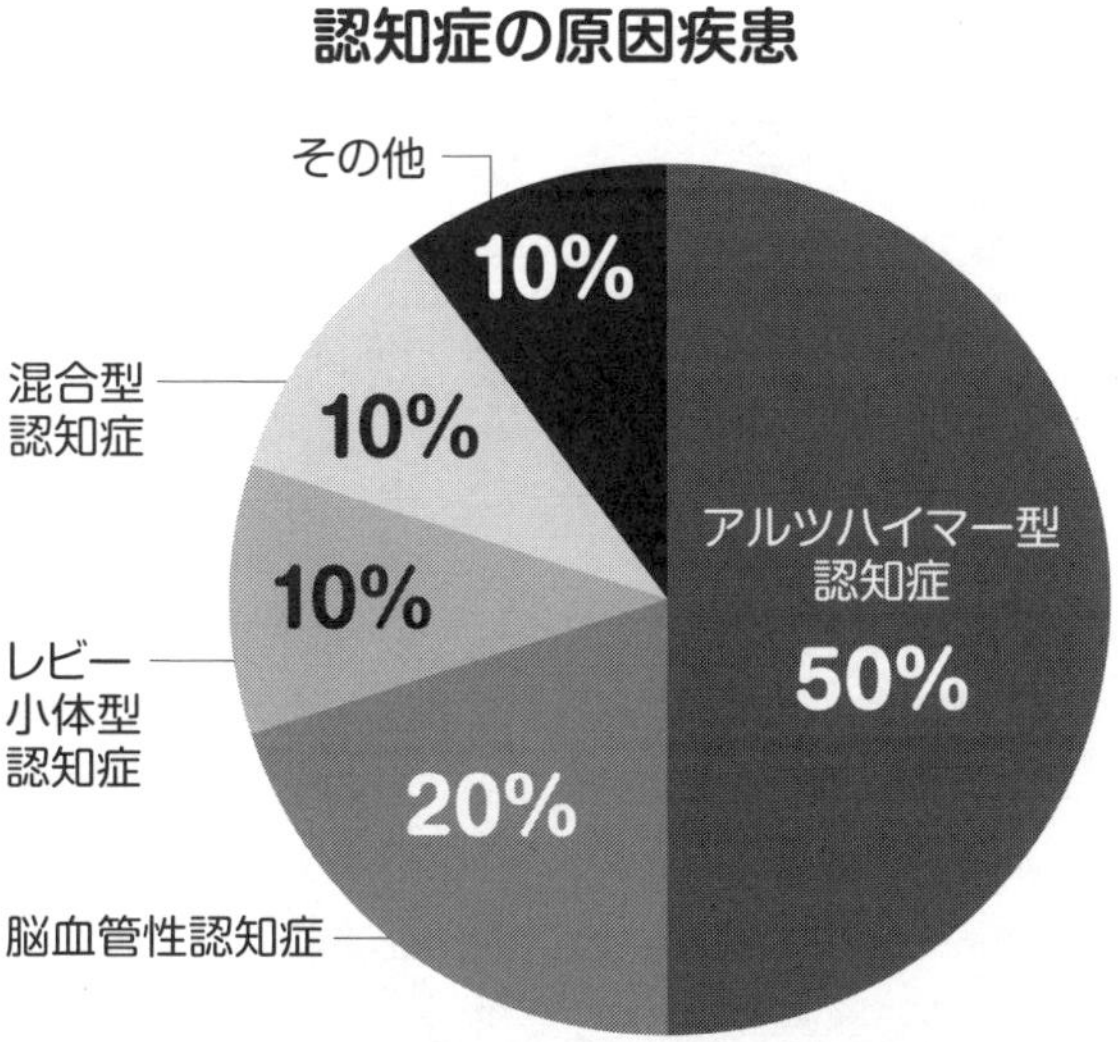

認知症の原因疾患
その他
10%
混合型
認知症
10%
アルツハイマー型
認知症
50%
10%
レビー
小体型
認知症
20%
脳血管性認知症

認知症になると脳の神経細胞が脱落し、さらに脳内の伝達物質に混乱や断絶が生じるため、見たり聞いたり、あるいは触れたり嗅いだりして得た外界の情報が体に正しく伝わらなくなります。結果、記憶障害が起こったり、思考や行動がうまくいかなくなって日常生活に支障が出てきます。それがだんだん進んでいくのが認知症で、進み方は病気の質や人によって異なり、ゆるやかに機能低下していく人もいれば急激に進むケースもあります。

治療としては神経の伝わりをよくする薬（アリセプト、レミニール、リバスタッチパッチ、メマリーなど、複数種ある）を使用したり、患者に落ち着いてもらうため安定剤や漢方薬（抑肝散など）が使われることがあります。が、これらはあくまでも対症療法で、残念ながら根治する方法はまだ確立されていません。

なお、クモ膜下出血や硬膜下血腫、あるいは正常圧水頭症などによって認知症と同じ症状が出ることがありますが、これは外科的な治療によって取り除くことができる一時的なものにすぎません。本書で対象としている認知症とは異なるものです。

認知症の症状

実際にはさまざまな検査を経て結論が出されることになりますが、おもに次の3つの条件を満たすと認知症と診断されます。

①記憶障害がある（物忘れ）
②失語、失認、失書、失行、実行機能障害、社会的認知障害などが見られる（今までわかっていたことがわからなくなる／できたことができなくなる／相手やまわりの人の気持ちがわからなくなる）
③前記の①に加え②のどれかがあり、日常生活に支障が出ている

①と②は医学的には「中核症状」と呼ばれ、脳のどこに障害が起こっているかによって出方が変わります。

一方、中核症状に対して「周辺症状」と呼ばれるものがあります。これは、認知症の人を取り巻く環境や、かかわる人の対応などに影響されて出る症状です。かつては「問題行動」などと呼ばれていましたが、近年では「BPSD」という言葉が使われるようになってきました。これは「Behavioral and Psychological Symptoms of Dementia（認知症にともなう行動・心理症状）」という英語の頭文字をとった略語です。

「忘れ方」の違い

健常な高齢者の場合	認知症の高齢者の場合
体験したことの一部を忘れる	体験したこと自体を忘れる
大きくは進行しない	だんだん進行する
忘れやすくなったと自覚している	「忘れたこと」自体を忘れてしまう
判断力は保たれている	判断力は損なわれていく
日常生活に影響しない	日常生活に支障が出てくる

おもなBPSDには次のようなものがあげられます。

●不安、うつ症状、幻覚、妄想などの心理症状
●興奮、暴力、収集癖、過食、徘徊、無反応などの行動異常

これらの症状は誰にでも起こるとは限りませんが、認知症が進むにつれてあらわれやすくなり、環境の変化や不適切な対応によって強く出ることが知られています。

一部本編と重複しますが、ここで認知症の中核症状について、もう少し詳しく説明しておきます。

記憶障害　認知症の記憶障害は、私たちが日常経験する物忘れとは異なり、記憶全体がなくなってしまう点に特徴があります。165ページに表にしてまとめました。

失語　憶えている言葉の数が減り、言葉が出てこなくなる状態です。認知症が進むと自分が何を言おうとしたのかもわからなくなってしまいます。相手の言うことも理解できなくなり認知症の人が不穏になる原因となります。

失認　視力に特段の異常がないのに、物、人の顔などがわからなくなることです。認知症が重症化すると、物を見たり触ったりしても、それが何なのか適切に理解できなくなります。

　この結果、たとえばビン入りのドレッシングを化粧水と間違えて顔に塗るなどの、周囲からは理解不能な行動に出ることがあります。

失見当　場所を認識する力が失われていき、自宅にいてもトイレの場所がわからなくなってしまったり、通い慣れた道で迷ったりといったことが起こります。

失書　目や手に異常がないのに、文字が書けなくなる状態です。比較的早い段階から漢字を忘れたり、文字が書けなくなることが多いのですが、逆に読む能力は後々まで残ることが多いのも特徴です。

失行　手足に異常がないのに、正しい動作ができないことです。わかりやすい例をあげると、服の裏表や着る順番、正しい着方がわからなくなります。ズボンを頭にかぶってしまったり、脱ぎ着ができなくなるといった状態となります。認知症の中期以降に出てきます。

実行機能障害　計画を立てたり順序よくものごとを進めるのが難しくなります。順を追って話すことができなくなったり、レシピを見ながら料理をつくる、地図を見ながら旅行の計画を立てるなど、段どりができなくなる状態と考えてください。

社会的認知障害　社会的規範やルール、まわりの人の気持ちが理解できずに勝手な行動に結びついてしまうことです。

代表的な認知症の説明

先ほどあげた三大認知症のほか、よく知られるようになってきた前頭側頭型認知症、若年性認知症について個別に解説します。

●アルツハイマー型認知症

脳内にアミロイドβ《ベータ》と呼ばれる異常なたんぱく質が沈着することによって起こります。このたんぱくの毒性は、タウというたんぱく質を変性させて、正常な神経細胞を脱落させ萎縮させます。進行するにつれ脳全体が縮んでいき、結果として患者はさまざまな症状（中核症状・周辺症状）を呈するようになります。

進行の仕方は、次ページの図のようになだらかなイメージとなります。なお、男性に比べ女性の高齢者のほうが若干多いとされている病気です。

【ステージと症状】

初期　無気力やうつ状態から始まることが多く、物忘れが出てきますが、まだ日常生活に大きな支障をきたすほどではありません。そのため初期は、認知症かどうか見わけにくいことが多くなります。MCIと重なる時期です。

中期　日時や場所がわからなくなり、玄関で排泄するなどの行為が見られるようになります。「財布を盗られた」「ご飯を食べていない」「家から追い出される」などといった被害妄想が出

アルツハイマー型認知症の進行イメージ

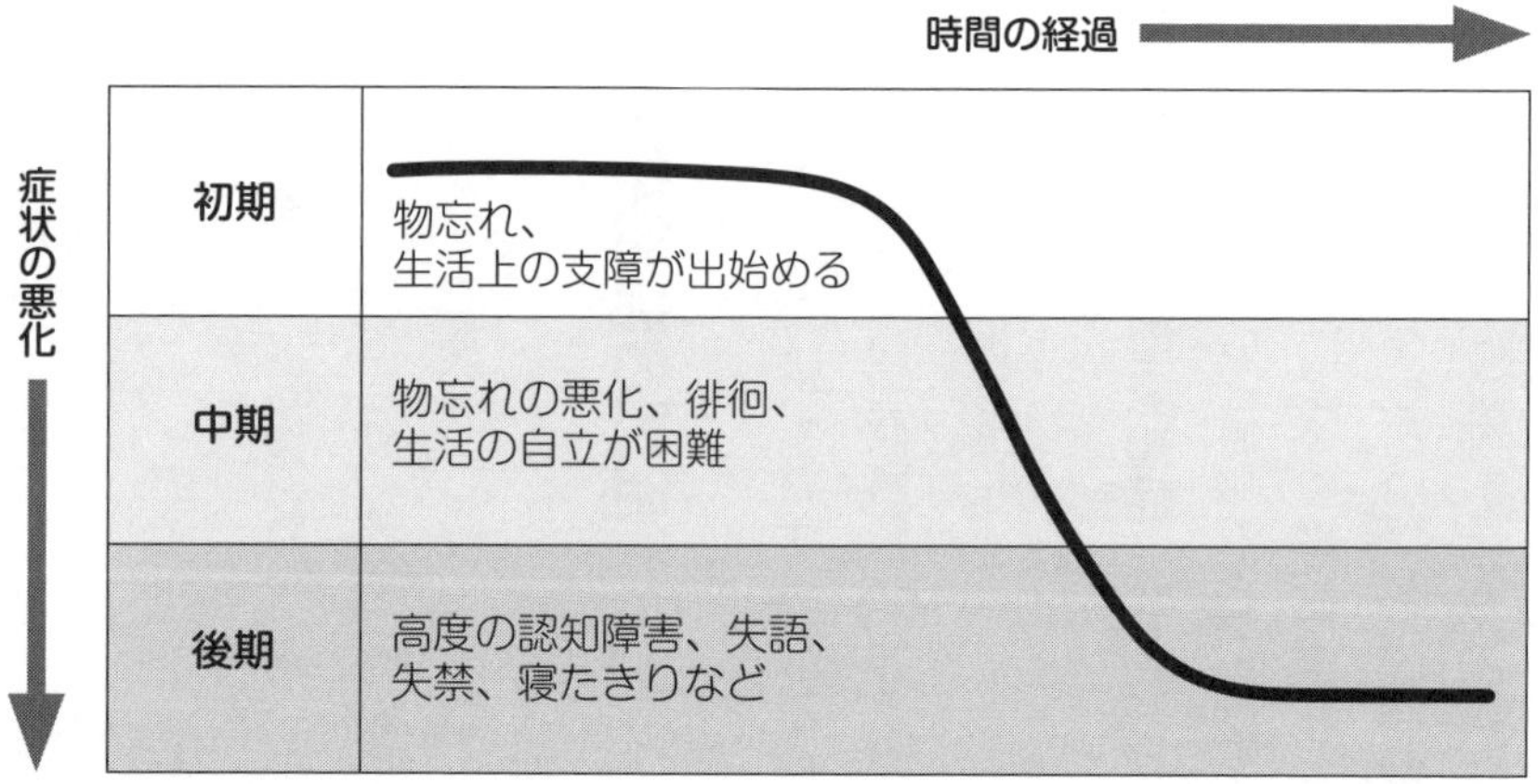
時間の経過
症状の悪化
初期
物忘れ、
生活上の支障が出始める
中期
物忘れの悪化、徘徊、
生活の自立が困難
後期
高度の認知障害、失語、
失禁、寝たきりなど

ることも多くなります。人によってはいない人がいるようなことを言ったり（幻の居人）、幻覚を経験することもあります。また徘徊が始まるのもこの時期で、警察に保護されて周囲がその異常に気づくケースもあります。

後期 理解力や判断力がさらに低下し、食器の使い方や食べる動作まで忘れてしまうため、自力では食事ができなくなる人もいます。食べ物を飲み込むことが困難になり、誤嚥性肺炎を起こしやすくなるのもこの時期です。感情の起伏が非常に乏しくなり、体は硬直し、やがて寝たきりになります。

●脳血管性認知症

脳卒中にともなって起こる認知症です。脳卒中には脳内の血管が詰まる脳梗塞と、血管が破れて出血する脳出血とがあります。病気によって血流が行き届かなくなった部分の脳細胞がダ

脳血管性認知症の進行イメージ

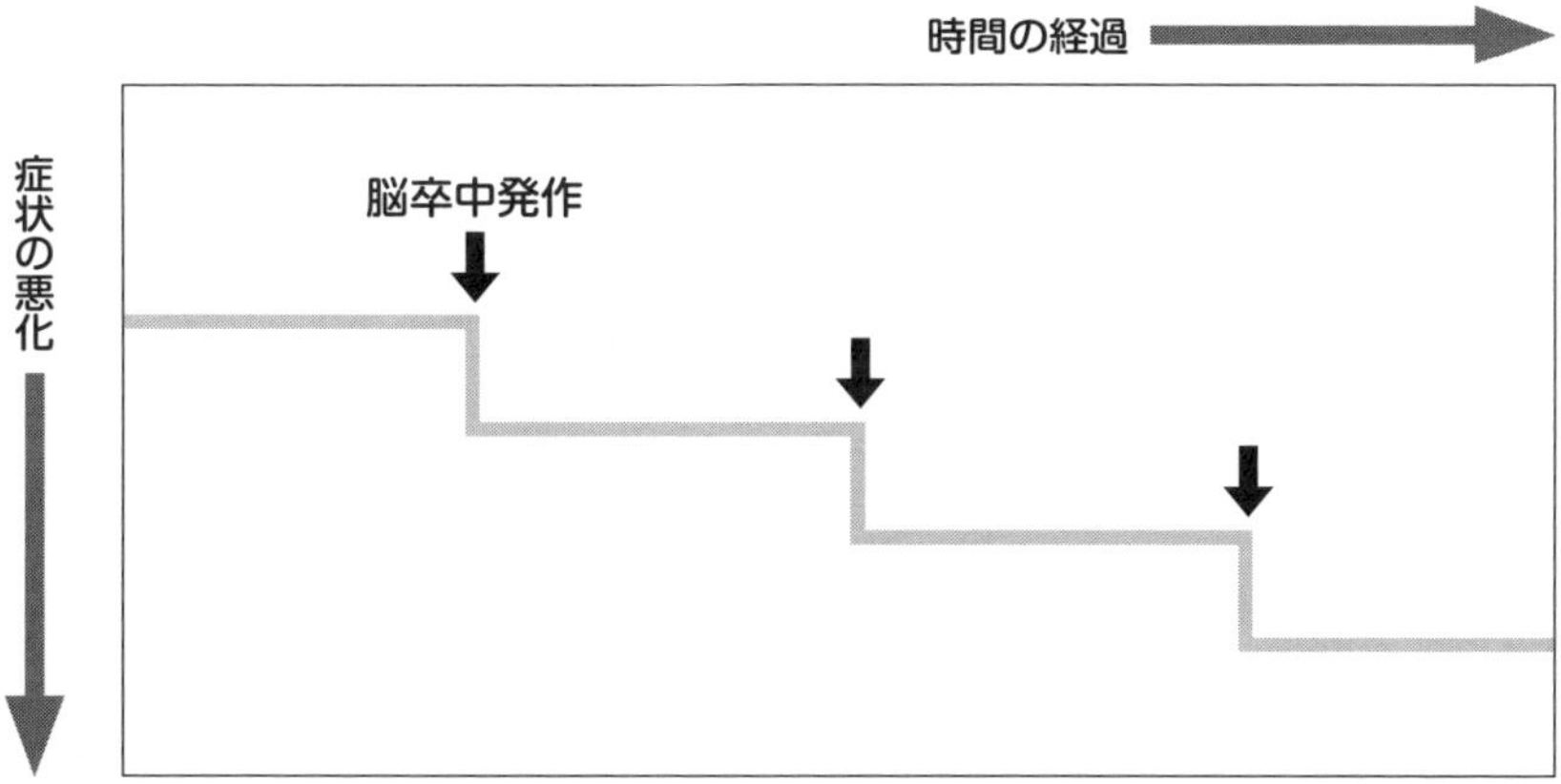

メージを受けるため、認知症が起こります。

脳卒中は再発することがめずらしくありませんが、そのたびに脳へのダメージが積み重なり、機能ががくんと低下するので、進行の仕方はすぐ上の図のように、階段状にイメージできます。60～70代の男性に多い病気で、梗塞や出血が起こった場所やその大きさによって症状の出方が違ってきます。たとえば脳の言語を司る部分に障害が起こると、失語が強く出るといった具合です。

【ステージと症状】

初期 脳の神経細胞がダメージを受け、注意力・理解力が乏しくなります。生活においても、理解できることと理解できないことが出てきます。その差がはっきりしているので、かつてはまだらぼけとも言われていました。ものごとに取り組む意欲が低下し、感情の起伏は激しくなります。夜間の不眠・不穏などによって生活が昼夜逆転になってしまうこともあります。

中期 脳血管のトラブルをくり返すたびに機能が低下していきますが、それにより理解できないことが多くなり、生活上の支障が増えていきます。体のマヒや拘縮（筋肉や関節が固くなって動かなくなること）が強くなるため、尿意や便意がわからなくなり失禁が見られるようになります。

後期 寝たきり状態になり、誤嚥性肺炎を起こすなど、アルツハイマー型認知症の後期と同じような状態になります。介護面では、オムツの使用、訪問入浴、訪問看護、往診などの対応が必要となります。

●レビー小体型認知症（DLB）

脳の中にレビー小体と呼ばれる異常なたんぱく質がたまる病気です。脳幹部にだけたまった病気がパーキンソン病です。それが大脳全体に広がっていきます。その結果、脳の諸活動に障害が出るのがレビー小体型認知症と考えられています。このタイプには、幻視（あるはずのないものを見る）のような特徴的な症状が見られます。「意識の変動」といって、理解力・判断力が比較的しっかりしているときとしっかりしていないときがあり、両者をくり返しながら進行していく点にも特徴があります。

　また、レビー小体が運動機能を司る脳幹部にもたまっているので、歩行など体の動きに支障が出ます。これをパーキンソニズムと言い、パーキンソン病と共通する次のような症状があらわれます。

・固縮（筋肉がこわばる）
・無動（動作が遅くなる、歩きにくくなる）
・振戦（手足のふるえ）

【ステージと症状】

初期 パーキンソニズムが見られるときと見られないときがあります。また、うつ状態で発症することもあります。この頃は自分が物忘れをすることを自覚できますが、幻視があらわれるようになります。いるはずのない虫が「部屋中にいる」と言い出したり、遠くに住んでいるはずの子どもが「帰ってきている」と言ったり、ひとりで話し込んでいることもあります。

中期 パーキンソニズムのため体の硬直が見られるようになります。幻覚や妄想も頻繁になり、現実離れした話が増えていきます。しかし、記憶が保てているときがまだあるため、介護者が振り回される場面も少なくありません。

後期 体は硬直し、寝たきり状態になります。嚥下障害も出て、アルツハイマー型認知症の後期と同様になっていきます。頻繁に起こる妄想に悩まされ、恐怖感から声をあげてしまうケースもあります。

● 前頭側頭型認知症

萎縮が前頭葉と側頭葉に強く出るタイプの認知症を「前頭側頭型認知症」と呼びます。その中でもとくに患者数が多く、ピック球という異常構造物の蓄積が原因となって引き起こされるのが、「ピック病」（あるいはピック型認知症）です。

前頭葉は脳の司令塔にあたる部分で理性を司り、側頭葉は言語などを司っています。そうした部分に障害が起きるため、「自己中心的な言動をする」「反社会的な行動に出る」「会話がかみ合わず、コミュニケーションがうまくとれない」など、ほかのタイプにはあまり見られない、性格変化が著しい特異な症状が出ます。

多くの場合、40～60代の初老期に発症し、80代での発症はまれです。

【ステージと症状】

初期　記憶力や体にはほとんど異常が出ません。日常生活にも支障はありませんが、患者の言動が社会常識を逸脱するようになります。結果、周囲には性格が変わったかのように見えてしまいます。

中期　会話のピントがずれ、同じことをくり返し言ったり、同じものだけを食べるなどの行動（常同行動）が多くなります。人柄が変わり、周囲の迷惑を顧みない反社会的な言動が増え、日常生活に支障が出るようになります。

後期　体の硬直、寝たきり、奇声などの症状が出始め、急速に進行していきます。それでも常同行動や反社会的行動が出る場合があるため、介護者は目が離せません。在宅での介護が厳しくなり、介護施設でも看きれなくなった結果、入院するケースも多くなります。経過は長く、発症から20年というケースもまれではありません。

若年性認知症

65歳以前に発症する認知症は、原因疾患の種類にかかわらず「若年性」と呼ばれます。アルツハイマー型やレビー小体型といった、ここにあげた各種に加えて事故の後遺症として発症するケースもあり多種多様です。ただ、若年性認知症でもっとも多い病気は脳血管性認知症、次いでアルツハイマー病です。若年性認知症の特徴は「急速・過激」という点です。

患者の認知機能は急激に衰え、2〜3年で別人のように変化してしまうことがあります。若くして発症するだけに、初期は本人の苦悩も深く、かつ体力は残されているためBPSDは強く出ます。介護者が女性の場合はとりわけ苦労することが多いようです。

あとがき

世間一般の人が思い描く認知症の症状は、泣いたり、怒ったり、けんかをしたり、あるいは逆に、押し黙ったまま口をきかないなど、凄まじいものが多いように思います。しかし、私が相談員を務めているデイサービス「ゆりの木」を訪れた方は、その印象が真逆になるようです。

記憶に残るエピソードがあります。中学生が職業研修で「ゆりの木」を訪れました。男女混合の６人グループで来所です。大声で騒いだりはしませんが、それでもクスクス笑ったり、ヒソヒソしゃべりながらじゃれ合ったりと落ち着きません。私が「なぜここを選んだのですか」と尋ねると、「くじではずれたから」。つまり、選びようがなかったということでした。

しかし夕方、研修が終了する頃には、全員の表情が変わっていました。もうヒソヒソ話もじゃれ合いもありません。真剣な面持ちで口々に、認知症の人への見方が変わったとか、とても意義深かった、などと言います。そして静かに帰っていきましたが、その後ろ姿は落ち着いていて、朝より大きく見えました。帰り際、６人がそろって言った「くじにはずれてよかった」のひと言は、今でも忘れられません。なぜこんなことが起こったのでしょうか。

「ゆりの木」では、お年寄りはよくしゃべり、よく笑い、よく食べます。家では食べない人も箸が進んで完食。まるで別人です。みんなで食べるとおいしいのでしょうか。利用者は当然、認知症ですから、外で会ってもお互いどこの誰だかわかることはないでしょう。でも、「ゆりの木」という安全地帯ではみんな仲良しです。だから、見学の方にはよく、「この人たちは、本当に認知症ですか」と驚かれます。

この場所に流れる、穏やかで明るい空気は、もちろん介護職員みんなの努力によってつくられてきたものですが、そこに私の「引き算」が役立っているのは本当にうれしいことです。

それでも、お年寄りの気兼ねも屈託もない笑顔を見ていると、「この人たちは、外でもこんなに穏やかにいられるのだろうか」という思いが私の中にこみ上げてきます。一歩外に出れば、「ぼけてるから相手にしないほうがいいよ」と無視されたり、自分の住所も電話番号も忘れて迷子になるためバカにされたり、虐待すら受けかねない人たちです。

認知症の人に寄り添うことだけを考えてきた私にとって、お年寄りがそのようなひどい扱いを受けるのは、とてもつらいことです。胸が痛みます。「どうか今のまま、穏やかに過ごせるところがありますように」と、祈らずにはいられません。

介護、とくに認知症介護については、国をあげて取り組むことが決まりましたが、そう簡単に運ぶものではありません。だからこそ、ささやかですが助けとして、「引き算」のアイデアを広く伝えたい——長年のこの思いをようやく一冊にまとめることができ、とりあえず今はとても平和な気持ちでおります。

出版にあたっては、一部を監修してくださった浴風会の医師・須貝佑一先生、「あしかりクリニック」院長の芦刈伊世子先生、そして七七舎の北川郁子さんと講談社の中満和大さんにお世話になりました。

また、執筆にあたって迷う私の背中を押してくださった斉藤真理さん、勤務しながら執筆する私を支えてくださった「ゆりの木」の管理者・岡﨑ひとみさん、真砂絵里子さん、真木圭子さん、株式会社日本エルダリーケアサービスの森薫・取締役会長と、取締役の関俊和さんには長い間見守っていただき、ありがとうございました。

２０１６年2月

右馬埜節子

主要参考文献

須貝佑一『朝夕15分　死ぬまでボケない頭をつくる!』すばる舎
杉山孝博『認知症の人の不可解な行動がわかる本』講談社
「世界最先端スウェーデンに学ぶ　認知症『悔いなき介護』」『週刊文春』2013年9月5日号

著者　右馬埜節子（うまの・せつこ）
1943年、岡山県生まれ。「認知症相談センターゆりの木」代表、株式会社日本エルダリーケアサービス執行役員。1993年、中野区役所（東京都）の認知症専門相談員（非常勤）として介護の仕事に入り、2000年の介護保険制度施行と同時に民間事業所でケアマネジャーとして勤務を始める。2003年、自身が担当する認知症の人の居場所として「デイホームゆりの木中野」を設立。その後、家族介護者の拠り所として「認知症相談センターゆりの木」を開設した。現在は「中野区地域連携型認知症疾患医療センター」の専門相談員を兼務するほか、研修・指導・講演にも携わっている。著書に『認知症の人がパッと笑顔になる言葉かけ』（講談社）がある。

認知症《にんちしょう》の人《ひと》がスッと落《お》ち着《つ》く言葉《ことば》かけ　　介護ライブラリー

2016年3月22日　第1刷発行
2019年9月6日　第11刷発行

著　者　右馬埜節子《うまのせつこ》
発行者　渡瀬昌彦
発行所　株式会社講談社
　　　　郵便番号112-8001
　　　　東京都文京区音羽2-12-21
　　　　電話　編集　03-5395-3560
　　　　　　　販売　03-5395-4415
　　　　　　　業務　03-5395-3615
印刷所　株式会社新藤慶昌堂
製本所　株式会社国宝社

N.D.C.493.7　175p　21cm
定価はカバーに表示してあります。
落丁本・乱丁本は購入書店名を明記のうえ、小社業務あてにお送りください。送料小社負担にてお取り替えいたします。なお、この本についてのお問い合わせは第一事業局学芸部からだとこころ編集あてにお願いいたします。

ISBN978-4-06-282471-2